学前教育专业"互联网+"
新形态一体化系列规划教材

幼儿园教师
写作实务

主　编◎焦德宇　杨　爽　邱　灵
副主编◎李维娜

厦门大学出版社
XIAMEN UNIVERSITY PRESS
国家一级出版社
全国百佳图书出版单位

图书在版编目（CIP）数据

幼儿园教师写作实务 / 焦德宇，杨爽，邱灵主编
. -- 厦门：厦门大学出版社，2024.3（2024.7）
学前教育专业"互联网＋"新形态一体化系列规划教材

ISBN 978-7-5615-9286-1

Ⅰ．①幼…　Ⅱ．①焦…　②杨…　③邱…　Ⅲ．①汉语-
应用文-写作-幼儿师范学校-教材　Ⅳ．①H152.3

中国国家版本馆CIP数据核字(2023)第255541号

责任编辑	林　鸣
美术编辑	李夏凌
技术编辑	许克华

出版发行　厦门大学出版社

社　　　址	厦门市软件园二期望海路39号
邮政编码	361008
总　　　机	0592-2181111　0592-2181406(传真)
营销中心	0592-2184458　0592-2181365
网　　　址	http://www.xmupress.com
邮　　　箱	xmup@xmupress.com
印　　　刷	厦门集大印刷有限公司

开本	787 mm×1 092 mm　1/16
印张	11.25
字数	240 千字
版次	2024 年 3 月第 1 版
印次	2024 年 7 月第 2 次印刷
定价	49.00 元

厦门大学出版社
微信二维码

厦门大学出版社
微博二维码

前　言

　　熟悉学前教育的人应该对尼尔·波兹曼在《童年的消逝》一书中提出的问题不陌生——童年是一种自然而然的产物还是人造的概念？尼尔·波兹曼给出的答案是印刷术带来的书写文化，特别是文字带来的阅读壁垒造成了儿童与成年人的区隔。正所谓"印刷创造了一个新的成年定义，即成年人是指有阅读能力的人；相对地便有了一个新的童年定义，即儿童是指没有阅读能力的人"①。而如今，人们进入了影像时代，大人能看懂的，孩子也能明白，儿童与成年人的文化界限正日益模糊。在我们享受令人应接不暇的视听信息的同时，也正在面临这样的状况：与其说儿童得以更快地习得成年人的心智，不如说越来越多成年人的认知风格和信息偏好降格为了儿童，而这集中表现为对书面文字与写作的态度。然而，正如现代性问题学者刘擎指出的，沉迷于抖音的人设计不出抖音这样的产品。企业家贾森·弗里德（Jason Fried）也强调："如果我面试的几个人都不错，那么我会雇用写作最厉害的那个人。因为不管是推销员还是程序员，他们的写作技巧都会让他们比别人更出色。"一个不断被印证的事实是，放弃书写文化而习惯于被视听信息投喂的人，在很大程度上因其逻辑性、结构化思维和表达能力的弱化，已经与仍以书写文化为底层逻辑的正式笔试（如教师资格证笔试）、面试（如结构化面试）格格不入，也在学习与工作中相比于那些从书写文化中受益的学习者落入下乘。

　　由此可见，不只是成长于千禧一代和Z世代的人，凡是浸润在这个海量视听信息时代的人都将受此影响。也许尤瓦尔·赫拉利在《未来简史》中的论断并非危言耸听——在未来世界，只有1%的人掌握算法，而99%的人只能沦为数据。富有远见的学校已经从课程的角度来应对这一挑战，哈佛大学唯一一门面向全校学生的必修课是写作课②；清华大学自2018年开设"写作与沟通"必修课程，2020年该课程已覆盖所有本科生，并向研究生提供课程与指导。2021年颁布的《学前教育专业师范生教师职业能力标准（试行）》也从"沟通技能"的层面对"具有阅读理解能力、语言与文字表达能力"提出了明确要求。

　　然而，幼儿园教师还面临额外的挑战，即自职前师范生阶段开始必须熟稔的儿童化口头语言。这枚硬币的正面是幼儿园教师借此可以顺畅地与儿童交流并形成亲切友好的互动关系，而其反面则是幼儿园教师常常被提及的一个弱势——笔头功夫弱。对于大部分职业

---

① 尼尔·波兹曼.童年的消逝[M].吴燕莛,译.北京：中信出版社,2015：26.
② 吴军.阅读与写作讲义[M].北京：新星出版社,2021：12.

来说，结构化、逻辑性、简洁性、专业性既是对其书面语言的要求，也是高水平从业者口头语言的特点。但优秀幼儿园教师则需要掌握至少两套截然不同的话语体系，即以短句、叠词、简单重复的语句等为特点的口头语言和以长句、专业术语、简洁性等为特点的书面语言。不仅如此，由于远超其他学段教育理念和课程改革的迭代速度，幼儿园教师需要应对的写作文体相较其他学段也更多而复杂，除了常规的学期计划与总结、新闻稿、教案、活动策划、通知、课题申报书、结题报告、论文外，还有课程故事、学习故事、游戏故事、主题课程审议、项目活动策划、家园联系册、观察记录等特有文体。因此，试图通过一本教材或一门课程学习所有与幼儿园教师工作相关的文体若非挂一漏万，则必然是浅尝辄止。

编写团队认为，本书应当回答三个问题：一是面向谁，二是关于什么，三是如何学习。首先，教师职业发展是一个长期而动态的过程。为人们所熟知的既有以教龄和职称为依据划分的三阶段论，新手型教师、熟手型教师、专家型教师；也有根据教师教学专业知识与技能的掌握情况而划分的五阶段说，新手阶段、进步的新手阶段、胜任阶段、熟练阶段和专家阶段。无论按照哪种分类法，本书面向的都是新手阶段或曰"新手型"的幼儿园教师，更具体地说，以学前教育专业在读的准教师和幼儿园新任教师为主要受众。其次，市面上的应用文、公文写作教材汗牛充栋，简单重复并非本书的旨趣。《幼儿园教师写作实务》应兼具学前教育专业属性与写作属性，且更突出前者，从而避免题中有"幼儿园教师"而书中不见"学前教育"的情况。最后，目前幼儿园教师写作类教材多是面面俱到，动辄介绍二三十种文体，而每种文体的学习恐皆浮光掠影。一来更像是工具书、百科全书而非教材，二来也无法满足学生学得懂、练得多及相关课程使用的需要。但在实际工作中，对于充满工作智慧、思维灵活的幼儿园教师来说，诸如通知、计划、总结之类的文体只需要简单模仿即可满足工作需要，而活动设计、观察记录之类的专业文体更是已在相关专业课上反复学习，无须再通过写作类教材与课程加以学习。

基于此，本书根据幼儿园教师职业发展阶段，将相关文体划分为职前积累、职后实践、进阶发展三个篇章。各篇选取典型文体作为学习项目，每个项目设有一项综合性的写作任务和多个小练笔作为学习台阶。内容上，本书重点关注各文体的结构框架和写作要点，并提供范例、错例甚至修改过程；形式上，本书将各文体的写作分为三个难度层次，从易到难依次是辨、改、写。通过以点带面，步步递进，旨在培养幼儿园教师的书面写作能力并为其写作素养筑基。

本书既可作为普通高等院校和职业院校学前教育专业的教学用书，也可作为幼儿教育工作者的写作参考用书。本书编写分工如下：焦德宇负责全书的统稿和幼儿园教师资格考试作文的写作、幼儿教育科研课题申报书的写作、幼儿教育科研课题结题报告的写作三个项目的撰写，杨爽负责幼儿园游戏活动案例的写作、幼儿园课程故事的写作和幼儿教育论文的写作三个项目的撰写，邱灵负责简历、新闻稿和家园联系册及学期评语的写作三个项目的撰写，李维娜负责幼儿园游戏活动案例的撰写。由于编者水平所限，书中难免存在不足之处，敬请专家与广大师生批评指正。

编者

2023 年 4 月于宁波

学习指南

一、如何定位幼儿园教师实务类写作

关于写作本质的探讨众说纷纭，本书倾向于认为，写作特别是实务类写作的本质是通过书面文字进行交流，作者不仅是与他人交流而传递信息，还是与自己交流而促进思考。可以说，实务类写作从内而外地塑造了我们的专业身份。

长期以来，专业人士区别于外行，优秀从业者区别于普通从业者的一大特征即能听、说、读、写篇幅较长且具专业性的文字。对自己而言，写作可以促使我们整理思想，并通过以阅读为典型代表的信息输入和以写作为主要途径的信息输出而形成头脑层面的良性循环。对某个专业社群甚至整个人类文明而言，无论其载体是文本、音频还是视频，写作仍是传播知识、分享洞见最高效也最主流的媒介。幼儿园教师也不例外，这一群体日常会接收来自幼儿、家长、园内同事、园外同行、专家等不同主体的大量而复杂的信息，也经常参加教研、科研、培训、交流展示等专业活动，阅读和实务类写作是幼儿园教师从经验层次走向专业层次的必要途径。

由此可见，幼儿园教师实务类写作具备双重属性，一是学前教育的专业性，二是写作文体的规定性。前者指学前教育区别于其他阶段教育；后者指实务类写作不同于文学等其他类别写作，具体体现在结构、词汇、语法、标点等方面。由于实务类写作面向幼儿园教师实际事务，规定性是下限，不合规便不能称为"实务类写作"，而专业性是上限，幼儿园教师写作者的专业水平越高，其写作作品的专业性也越强。

二、如何进行项目学习

根据幼儿园教师职业发展阶段，本书划分为职前积累、职后实践、进阶发展3个篇章，共10个学习项目。每个项目遵从OBE（基于学习产出的教育）理念的设计思路。

写作前，呈现学习目标、思维导图和项目任务。学习目标聚焦写作的3个难度层次：初级目标是"辨"，即根据所学有理有据地对案例进行分析；中级目标是"改"，即就错例进行修改使之完善；高级目标是"写"，即根据任务要求或情境材料进行原创性写作。同时，以新手型幼儿园教师为基准，对于写作难度较小的文体，目标主要定位于"改"和"写"，并侧重独立完成；对于写作难度较大的文体，目标主要定位于"辨"和"改"，并侧重合作完成。思维导图通过图示对本节内容进行纲领性总结，方便学习者整体把握。

项目任务指学习者通过本节所学应能完成的项目任务，属于OBE理念下的写作成果，供学习者围绕项目任务的解决进行写作学习。

写作中，内容上重点关注三个方面：一是整体介绍，二是结构框架，三是写作要点或误区。结构框架回答的是该文体"由哪几部分构成"的问题，写作要点或误区回答的是"如何写"的问题。形式上围绕综合性写作任务，设立案例分析、小练笔、议题讨论、核心观点、案例修改等作为任务支架。通过一系列层层递进的学习台阶，学习者将逐步具备完成项目任务的水准。

写作后，提供拓展资源，主要涉及三个方面，分别是范例推荐、拓展阅读和素材推荐。借助范例推荐，学习者可从丰富多样的样例中继续借鉴并提高自身的写作水平；借助拓展阅读，学习者可加深对该文体的理解、开拓关于该文体的视野；借助素材推荐，学习者可选取合适的素材为作品增色。

有人曾说，作品即人。你虚作品就虚，你躁作品就躁，你脆弱作品就生硬，你高傲作品就小气，你懒就没有作品。请不要把本书当作传统教材来记忆知识点，也不要把本书当作工具书来寻找答案，本书是需要学习者参与才得以完整的项目集。希望幼儿教育实务类写作的学习者通过本书的学习，形成和丰富自己的作品，并通过作品的不断完善提升自身的实务类写作水平。

目　录

进阶发展篇

职前积累篇

今天的学生就是未来实现中华民族伟大复兴中国梦的主力军，广大教师就是打造这支中华民族"梦之队"的筑梦人。

——习近平同北京师范大学师生代表座谈时的讲话

（2014年9月9日）

第一章　幼儿园教师资格考试作文的写作

 学习目标

1. 了解幼儿园教师资格考试作文（议论文）的特点与结构。
2. 掌握撰写幼儿园教师资格考试作文（议论文）提纲的方法。
3. 熟悉常用的论证方法。
4. 能流畅而结构化地撰写幼儿园教师资格考试作文（议论文）。

 思维导图

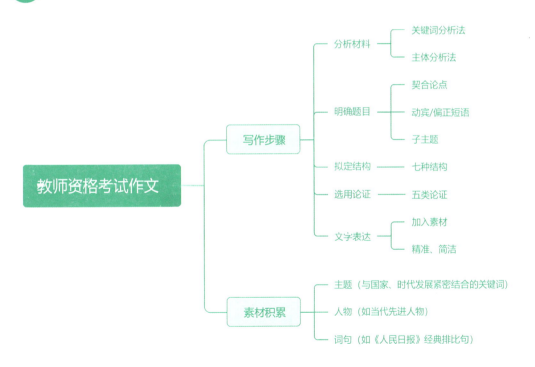

📋 项目任务

请根据下面两则材料，试着分别写出作文的以下方面：a.立意；b.题目；c.提纲；d.全文。

材料一：

古代诗人说："汝果欲学诗，功夫在诗外。"

材料二：

有一位现代出版界人士说："真正的大文章家，以政治家、思想家为多，而专攻文章、以文为业的反而少。"

习近平总书记曾说："改进作风必须改进文风。"[①] 求短、求实、求新，是他说话、作文的风格；百姓话、古人话、中外经典，则是他讲话中时常出现的内容。古语云，字如其人，其实作文更是如此。一个人写的文章是其思维逻辑、知识积累和写作素养的综合体现。

"教育写作"是教师资格证笔试中综合素质科目的作文题，占该科目150分中的50分，分值较高，相应地用时也较长。因此，掌握这一文体对于通过教师资格证考试而言至关重要。从阅读作文材料到落笔成文，一般有五步，具体如图1-1所示。

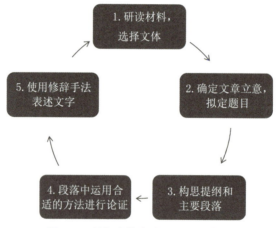

图1-1 教师资格考试作文写作步骤

一、文体的选择

在多数情况下，材料作文并未限定体裁，可选的文体一般有议论文、记叙文和散文等。具体来说，议论文作为一种剖析事情、论述道理、发表意见、提出主张的文体，需要具备明确的观点、清晰的逻辑和充分的论证；记叙文须有一个完整的故事及较为丰富的人物形象；散文则需要较好的文笔并表达比较充沛的感情。就写作的角度而言，这三

---

① 习近平.文风体现作风[M]//之江新语.杭州：浙江人民出版社，2007.

类文体并无高下优劣之分。如王鼎钧所言："你们的生活中有感动，所以可以写抒情文；你们的生活中有经历，所以可以写记叙文；你们的生活中也产生意见，一定可以写论说文。"但就应试作文来说，确实可以进行比较，从而供学习者选择最合适的文体。具体如表1-1所示。

表1-1　三种常见文体的对比分析

维度	文体		
	议论文	记叙文	散文
特点	以理服人	以事感人	以情动人
重点	逻辑，论点、论据、论证	事件，人物描写	思想感情，语言
结构框架	比较固定	一般	比较灵活
练习难度	较易	一般	较难

由此可见，作为以应试为目的的考场作文，议论文因其重点相对容易把握，其结构框架比较固定、相对容易学习与应用等特点，更适合考生选用。近年来，教师资格考试作文普遍明确要求写"论说文"，也再次凸显了议论文作为考场作文的适切性。

二、立意与题目的拟定

（一）立意的确定

立意是指一篇文章确立的文意，也就是作者关于整篇文章的构思设想，而在议论文中，立意集中体现为题目和中心论点。由于近年来的教师资格考试作文多为材料作文，因此立意须从材料中得出，即通过对材料的分析明确文章的中心思想。确定立意的常见方法有两种：一是关键词分析法，二是主体分析法。

关键词分析法是指通过在材料中找到关键词并引申出关键词的含义，以最终确定文章中心思想的一种立意方法。具体操作步骤如图1-2所示。

图1-2　关键词分析法操作步骤

小练笔1-1

请运用关键词分析法，根据下面这则材料，提出1~2个立意，并用句子形式完整表述。

常言道："上山容易，下山难。"这句话的意思是说：上山虽然费力，但不容易发生危险；下山虽然省力，但容易失足跌下山。其实，这句简单的话语蕴含着丰富的人生哲理。

——2016年上半年幼儿园教师资格考试作文材料

主体分析法是指从给定的材料中找出涉及的人物、事物等主体，继而分析主体的做法与结果，最后发掘所蕴含观点的一种立意方法。具体操作步骤如图1-3所示。

图1-3 主体分析法操作步骤

 小练笔1-2

请运用关键词分析法，根据下面这则材料，提出1个立意，并用句子形式完整表述。

很多人都听过一句话：活到老学到老。

有人问一位老人："您总是在学习，通过学习，您最终得到了什么？"老人答道："什么都没有得到。"那人再问道："那您还学习做什么呢？"

老人笑着答道："告诉你，学习让我失去了东西。我失去了愤怒，纠结，狭隘，挑剔和指责，悲观和沮丧；失去了肤浅，短视和计较；失去了一切无知，干扰和障碍。"

原来，学习的真谛不是加法，而是减法。

——2023年上半年幼儿园教师资格考试作文材料

值得注意的是，《中小学和幼儿园教师资格考试标准（试行）》中对幼儿园考试内容共设计了3个一级指标，分别是"职业道德与基本素养""教育知识与应用""保教知识与能力"。通过分析可知，教师资格考试作文可能更侧重考察"职业道德与基本素养"这一指标，因此可在立意与设计题目时考虑体现其下二级、三级指标（见表1-2）。

表1-2　幼儿园教师资格考试内容指标（节选）

一级指标	二级指标	三级指标
1. 职业道德与基本素养	1.1 职业理念	1.1.1 关爱幼儿，尊重每个幼儿的人格尊严与基本权利 1.1.2 理解幼儿教育在人一生发展中的重要性，能认识到幼儿教育必须以每个幼儿的全面发展为本 1.1.3 理解教师职业的光荣与责任，具有从事幼儿教育工作的热情 1.1.4 了解幼儿教师专业发展的要求，具有终身学习与自主发展的意识
	1.2 职业规范	1.2.1 了解国家主要的教育法律法规，了解《儿童权利公约》 1.2.2 熟悉教师职业道德规范，能评析保育教育实践中的道德规范问题 1.2.3 了解幼儿园教师的职业特点与职业行为规范，能自觉地约束自己的职业行为 1.2.4 有爱心、耐心、责任心
	1.3 基本素养	1.3.1 了解自然和人文社会科学的一般知识，熟悉常见的幼儿科普读物和文学作品，具有较好的文化修养 1.3.2 具有较好的艺术修养和审美能力 1.3.3 具有较好的人际交往与沟通能力 1.3.4 具有一定的阅读理解能力、语言与文字表达能力、信息获得与处理能力

（二）题目的命名

教师资格考试作文题目的命名往往遵循如下原则：一是与中心论点直接对应，或者说对中心论点进行高度概括；二是语法结构以动宾短语（如《歌唱祖国》《敬畏自然》《笑对逆境》）和偏正短语（如《伟大的人民》《美好的生活》）居多，其他结构较少；三是陈述式居多，疑问式较少（如《教师，向前看》）；四是字数适中，以词或词组为题，常为4~6个字，以句为题，常为四四、四六结构或五字、七字对仗句（如《不骄不躁登山路，虚怀若谷进取心》）。此外，抽取材料中的核心关键词作为题目，不失为一种保守而稳妥的命名方式（如《学习的真谛》）。

 案例1-1

材料：

有一些话语，因为一些人或者一些事，变得温暖，让人感动。享有温暖，我们才能在苦寒的冬天孕育出春天的繁花似锦。

案例分析：材料的主题词是"话语"，"话语"产生的效果是"温暖、感动"，最终结果是"在苦寒的冬天孕育出春天的繁花似锦"。厘清了这个逻辑，就可以提炼出材料的主题，即让人温暖和感动的话语。

联系教师教学工作，可以围绕教师对学生的鼓励和赞赏，前辈教师在教学工作中对后辈教师的关怀与照顾等，拟定标题，如《让赏识之花尽情绽放》。

 小练笔1-3

如下是根据本节最初的"功夫在诗外"相关作文材料所拟的题目，请进行评析，要求列出优缺点。

　　师德

　　教学需要理论与实际相结合

　　问渠那得清如许

　　功夫在诗外

三、文章结构的安排

议论文一般有且仅有一个中心论点，但由于论证的需要往往有多个分论点，而由此展开也就产生了议论文的基本结构。又因为议论文一般在首段提出中心论点，在尾段总结并呼应中心论点，所以简单来说，议论文的主体结构就是"首尾段+分论点"，而这也就是列提纲主要解决的问题。

（一）结构布局

议论文的逻辑思路外在表现为一篇文章的结构布局。一般有基本结构式、直指本质式、作用意义式、正反对比式、步步登高式、多个领域式、问题解决式等结构模式。

1. 基本结构式

议论文最经典的结构即三段论式结构，也就是主体部分主要回答三个问题：是什么，为什么，怎么做。具体如下。

第一段：开头——提出中心论点。

第二段：是什么——阐述中心论点。

第三段：为什么——论述中心论点的必要性、作用。

第四段：怎么做——论述应如何采取措施实施中心论点。

第五段：结尾——总结全文。

 案例1-2

谈坚持

　　人们都希望驻足金碧辉煌的"罗马宫城"，到达魂牵梦萦的"象牙之塔"，实现自己长久的梦想。如何实现这些梦想呢？就是需要不懈的努力，需要再努力一下的坚持。

　　坚持是对极限的挑战，是对心血和汗水的慷慨挥洒，是对理想的执着，是不到长城不止步的豪迈。王军霞在汗水里争渡，在"苦海"里泛舟，最终登上奥运会冠军的宝座，是坚持；中国工农红军爬雪山、过草地，将两万五千里路踩在脚下，这惊天地泣鬼神的壮举，还是坚持。

　　绳锯木断，水滴石穿，成功往往就诞生在再坚持一下的努力之中。爱迪生的精神令人折服，他发明蓄电池历时十年，进行了大约五万次实验，才取得了成功。这就是坚持的力量。

有一幅漫画，漫画上一位老兄挖了四口井没有见到水便扬长而去，其实有的井距水层只有一"锹"之遥，如果再坚持一下，胜利便属于他了，然而他放弃了，于是与成功失之交臂。丢弃恒久长远的坚持，捡起浅尝辄止的遗憾，当然就摘不到金灿灿的苹果了。

坚持需要七擒孟获的韧性，需要六出祁山的不坠之志，需要耐得住寂寞的孤独，更需要知其不可为而为之的大智大勇。张海迪从小便患了脊髓血管瘤，胸椎以下的肢体永远失去了知觉，然而她以惊人的毅力自学了英语、日语和德语，甚至翻译、创作了几十万字的小说。这就是坚持，坚持使她放射出灿烂的光彩，坚持使她终于托起了一轮不落的人生太阳。

当然，坚持不是固守，更不是画地为牢。试想，如果蔡伦在造纸的多次失败之后，仍坚持原来的做法，而不是大胆地改进原料，那么我们引以为豪的"四大发明"恐怕就要改写成"三大发明"了；鲁迅若不是认清形势，弃医从文，那么中国恐怕就要多一个平凡的医生，而少一个现代文学史上的文豪了。那种只知在陈迹斑斑的老路上挥汗如雨，不撞南墙不回头的人，是莽夫，是懦夫，其结果，势必南辕北辙，头破血流。

远方的诱惑是我们之所以忙碌，之所以奋斗，之所以拼搏之所在。当遇到困难、遭受挫折的时候，当汗流浃背、精疲力竭的时候，我们应该在心中默念一声：再坚持一下。

案例分析：该案例作文的基本结构是典型的"总—分—总"。首段提出了中心论点，尾段照应点题。主体部分，第二段回答了"坚持是什么"，第三、第四段解释了"为什么要坚持"，第五段介绍了"坚持需要怎么做"，第六段辨明了何谓"坚持"。

除三段论式结构外，议论文主体部分结构还需要以分论点支撑。分论点的重要性在于，它能直接勾勒文章的脉络，显示全义的论述思路。而根据分论点构思角度的不同，又可将议论文的结构分为如下六种。

2. 直指本质式

直指本质式结构是指分论点应当对中心论点进行更细化且具体的解释，可视为一种结合具体领域的"再定义"。具体如下。

第一段：开头——提出中心论点。
第二段：分论点1——中心论点是……（如坚强、力量、勇气等外在表现的品质）
第三段：分论点2——中心论点是……（如信念、理想、自信等精神层面的品质）
第四段：分论点3——中心论点是……（如潜能、创造、超越等智慧方面的特征）
第五段：结尾——总结全文。

案例1-3

三月陌上花自开

当鹅黄隐约时，当绿芽萌动时，当冰消雪融时，燕子带着春的讯息传遍大地。朔风于是收起了凛冽的寒刃，取而代之的是那温暖柔和的春风，吹过脸颊，拂过发梢，暖上心头。自然在四季轮回中昭示着：顺其自然，三月陌上花自开。阳春三月，陌上花团锦簇，缀满乡间小路，阡陌间已然花香飘荡，沁人心脾。陌上花顺其自然成了一片锦绣前程，为人处世也需有这般自然心态。

三月陌上花自开，是一种达观的人生态度。叶若遇秋则色变、凋零，苏东坡深知人事代谢的规律如自然轮回，受朝廷奸佞排斥如遇萧瑟之秋，他便如秋之黄叶从高处不胜寒的枝梢落下，自请外放，当碾作泥时遭遇了春之温暖，他便破土而出，蓬勃了一片文化之绿。当苏子适逢不意，当陌上花遭遇小人摧折时，他却以一种达观之心应对现状。处江湖之远，使他看清了世态冷暖，洞悉了世事沧桑。面冷心热的他内心涌起了汩汩诗情，尽情地抒写了生命的锦绣华章，于是诗到三月逢春时，一展才华抱香归。

三月陌上花自开，是一种淡泊的人生观。"得之，我幸；不得，我命"，志摩之语似乎有些宿命的消极。但实则相反，志摩之语体现了他淡泊的人生观。"不戚戚于贫贱，不汲汲于富贵"，对身外之富贵名利，他有一种淡泊与致远的心胸。便若"采菊东篱下，悠然见南山"的陶潜，又如"随意春芳歇，王孙自可留"的王维，还如"孤舟蓑笠翁，独钓寒江雪"的柳宗元，纵使偶尔生出"人生看得儿清明"的不平之气，但他们仍能在世事变化中顺乎自然而成就各自的价值。

三月陌上花自开，更是一种从容的处事方式。阳光明媚，春风似剪，陌上花从容地舒展叶片，绽开花蔓，吐露芬芳。苏子被贬黄州后的第三个春天，野外途中偶遇风雨，写下了"竹杖芒鞋轻胜马……"。那在山雨中从容缓步的老者更以"归去，也无风雨也无晴"的吟诵踱步文化史册中。达观、淡泊、从容，三月陌上花自开向人们昭示着大自然透露的玄机。

当春天的第一缕微风拂过原野，小草探出青色的脑袋；当春天的第一抹阳光普照时，冰雪消融，小溪潺潺；当第一声新雷响动时，三月陌上花自开。那是达观，是淡泊，是从容，是顺其自然的美妙花香。

案例分析：该案例作文呈现了直指本质式的结构，通过将"三月陌上花自开"解释为"达观的人生态度"、"淡泊的人生观"和"从容的处事方式"，形成了三个分论点，进而展开论述，构成了文章的主体部分。

3. 作用意义式

作用意义式结构适用于中心论点是一种行为、动作，而分论点是这种行为在多个方面带来的价值、意义、作用。具体方面的划分一般侧重于人，比如，经验见识方面、能力技巧方面、道德品质方面、智慧方面等。具体如下。

第一段：开头——提出中心论点。
第二段：分论点1——中心论点能带来……（如坚强、力量、勇气等外在表现的品质）
第三段：分论点2——中心论点能带来……（如信念、理想、自信等精神层面的品质）
第四段：分论点3——中心论点能带来……（如潜能、创造、超越等智慧方面的特征）
第五段：结尾——总结全文。

 案例1-4

分享

　　百灵啼声婉转，麻雀扑打着翅膀，鸟儿在同一片蓝天飞翔；小草青葱，树木成荫，草木在同一片土地呼吸；行人匆匆，游人闲适，人们在同一片土地生活。"分享"——一个具有魔力的词语，给我们以无尽的财富与收获。

　　分享能带给人们精神上的充实与快乐。分享是一种大智慧，懂得分享的人能收获高于常人几倍的快乐。比尔·盖茨曾说："每天清晨当我醒来时，我便思索着如何与他人分享我的快乐，因为那会使我更快乐。"比尔·盖茨的确如其所言做到了分享：他与世人分享他最新的研发成果，他与社会分享自己的财富，他在分享中得到了人们的敬重，在敬重里获得了更多的快乐。不会分享的人只能在以自我为中心的小圈子中自以为"幸福"地度过每一天。没有分享，便不能开阔心胸，而心胸狭隘如何能有真正的快乐？分享就似一种催化剂，有了它便可以催生出更多的幸福与快乐。

　　分享能提升人生的情趣品位与境界，赢得人们的尊敬。竹林七贤徜徉于山水之间，在分享彼此的志趣之时升华了各自的情谊；苏轼与王安石虽然政见不同，却喜欢互相探讨诗词、分享彼此的文学见解，因而相逢一笑泯恩仇；居里夫妇毫不吝啬各自的一点一滴，无论是财富抑或是科研成果，他们都与世人分享，因此他们成了我们爱戴和尊敬的伟人……因为分享，他们收获了双倍的幸福；因为分享，他们得到了世人的尊敬；因为分享，人们之间的隔阂渐渐消失。

　　分享能使各种文化和谐相处，使国际关系更加融洽。世界是一个大家庭，各国灿烂的文化需要世人共享。回想中国闭关锁国的历史，我们不难发现，在一个封闭的环境中，文化的趋同与单一会日益严重。再回想"二战"时期，法西斯对于人、对于文化的肆意扼杀几乎将世界一步步推向衰败。现代社会需要和谐，我们应当学会分享。因为分享能让文化走向一个又一个新的高峰，分享能创造一个和谐宁静的国际大环境，分享将使世界这个大家庭更温暖！

　　让我们懂得分享，让我们试着分享，让我们充分发挥分享的魔力，让"分享"这个神奇的词语在生活中熠熠生辉！

　　案例分析：该案例作文呈现了作用意义式的结构，分别提出并解释了"分享"对于"个人精神""人生境界""国际关系"三个方面的作用，有理有据地论述了分享的价值，从而论证了"我们应当在生活中分享"这一中心论点。

4. 正反对比式

正反对比式结构核心围绕正反论证。适用于有典型的正反两方面事例、理论的题材，如清廉与贪污、勤奋与懒惰、创新与守旧等。具体如下。

第一段：开头——提出中心论点。

第二段：正面论证——论据（事实、理论），小结；

反面论证——论据（事实、理论），小结；

联系现实（社会、个人）。

第三段：结尾——评析照应。

 案例1-5

位置变了，你也会跟着变

露珠在枫叶上便会红红地闪烁，在荷花上便会有着泪滴似苍白的透明。露珠本就是透明无色的，却因为位置的改变而时红时白。人也是一样的，当你身处的位置或环境变了，你也会相应地转变。人生变幻无常，要想在茫茫人生路上不失去你的本色，就应该找准自己的位置，为自己定位。

给自己找准位置，人生就会活出真实的自我。为自己定位，其实就是给自己定下原则。有了原则，无论身处的环境如何都会坚守自我，不为诱惑所动。陶渊明在认清污浊的官场不适合自己后，毅然归隐山林，过着"采菊东篱下，悠然见南山"的闲适生活，田园山居便是他的位置。世界首富比尔·盖茨也为自己找准了位置，当他觉得大学的生活乏味时，他毅然离开大学去从事自己喜爱的事业，终于创立了微软公司而成为世界首富。如果陶渊明还在黑暗的官场，比尔·盖茨还继续在乏味的大学学习，今天他们也许就不会令世人敬仰了。

不能为自己找准位置的人，则会失去自我。俗话说得好："近朱者赤，近墨者黑。"找不准位置的人往往会动摇信念，到最后连自己都不认识自己。时下的许多官员往往如此，他们不懂得找准自己的位置，贪污受贿，最后落得不好的下场。他们都因"越位"而丧失了自我。《欧也妮·葛朗台》中的葛朗台也一样，因为金钱而断送了女儿的幸福。由此可见，不能为自己找准位置会断送人的一生。

位置如此重要，我们如何才能为自己找准位置呢？

首先要有明确的目标。目标明确了，位置自然就明确了。一个没有目标的人，就失去了自己的方向。人分不清东西，便会随波逐流。居里夫人明确了自己的目标，便为自己找准了位置——从事科学研究；贝多芬明确了自己的目标，便为自己找到了音乐这个位置；鲁迅明确了自己的目标，因而弃医从文。确定目标就是找准位置最重要的一步。

位置变了，你也会跟着变，给自己找准位置，你就会活出精彩且真实的自我！

案例分析：该案例作文呈现了正反对比式的结构。一方面，提出"给自己找准位置，人生就会活出真实的自我"，并结合陶渊明、比尔·盖茨的成功事例作引证；另一方面，提出"不能为自己找准位置的人，则会失去自我"，并列举了落马贪官及吝啬的小说人物葛朗台的典型案例。基于此，文章点明了正道所在——位置变了，你也会跟着变，应当给自己找准位置。

5. 步步登高式

步步登高式结构逻辑上与作用意义式结构相同，区别在于步步登高式结构的分论点是递进关系，比如，从个人到集体（如学校、公司、单位等）再到国家甚至整个人类社会或全世界。具体如下。

第一段：开头——提出中心论点。

第二段：分论点1——中心论点能使个人获得利益。

第三段：分论点2——中心论点能使集体得到发展。

第四段：分论点3——中心论点能使国家繁荣进步。

第五段：结尾——总结全文。

案例作文：
《付出才有回报》

6. 多个领域式

多个领域式结构逻辑上与作用意义式结构相近，区别在于多个领域式结构重点在领域的分解，而非具体的意义，即聚焦于"在何处重要、对何重要"而非"如何重要"。具体如下。

第一段：开头——提出中心论点。

第二段：分论点1——中心论点在（学习）领域是非常重要的。

第三段：分论点2——中心论点在（工作）领域是非常重要的。

第四段：分论点3——中心论点在（生活）领域是非常重要的。

第五段：结尾——总结全文。

 小练笔1-4

请根据多个领域式结构，为下文梳理分论点，并表述为独立句子。

知行合一，行之愈笃

古人云："纸上得来终觉浅，绝知此事要躬行。"正所谓有了实践的经验积累，方能有触处成文、落笔成诗的气魄。

流光一瞬，华表千年。历史浩如烟海般的卷轴上，书写下多少能人志士的大名。而人类面对时间终究是渺小的，如几粒星子坠入波澜壮阔的海洋，唯有他们留下的思想和著作历久弥新。

无论是对于大文豪还是对于政治家、思想家来说，实践始终是创作和思考的活水之源。失去了实践本质，如同天马行空的幻想照不进现实，犹如无根之木、无源之泉。

正如南宋理学家朱熹所言："知之愈明，则行之愈笃；行之愈笃，则知之益明。"当我们一以贯之去探索时，得到的感悟方能更加真切。《论语》中也早已启示我们"学而不思则罔，思而不学则殆"的道理，作为学习主体的我们，也只有主动体验、感知和思考后，才能趋避空想带来的迷茫，才能有成竹于胸的自信，掌握好人生的航向。

王羲之苦练笔法，方能力透纸背，入木三分；文与可不避寒暑，日复一日观察修竹，落笔方能胸有成竹、栩栩如生。作家余华坦言："我现在能详细地描述出一粒细扣落在地面上的声音，以及它滚动的姿态，这对我来说，比哪个国家去世了一位总统更重要。"艺术来源于对生活的观察与思考，而往往那些愿意观察和思考得更深入的人才能成为大文豪、政治家、思想家。

而今进入信息时代，在众多门类信息的裹挟下，人们似乎开始渐渐失去了思考和探索的欲望，但是这好比往一眼泉水中扔石子，石子是他人传递的信息，泉水是我们的大脑，石子落水时固然能激起层层涟漪，但随着时间推移，什么也不会留下。石子落入水中激不起石子，同样地，只有我们切身去做、去思考，才会有属于自己的产出。

投身于教育行业中，肩负起人类灵魂工程师角色的我们，更要深知这个道理。面对学生的提问，让他们自己动手去尝试，自己在思索的过程中找答案，而我们则要做好引路人，在教育中奉献自己的真与诚。

"不驰于空想，不骛于虚声"，用实践为知识筑基，在方寸中累积前行，才能做到"知行合一，行之愈笃"。

——N校2021级学生习作

7. 问题解决式

问题解决式结构与作用意义式结构形成完整的逻辑链条。前者的分论点是具体落实中心论点的策略、做法，而后者的分论点是落实中心论点后产生的价值、作用。具体如下。

第一段：开头——提出中心论点。

第二段：分论点1——要做好中心论点，需要人们……

第三段：分论点2——要做好中心论点，需要人们……

第四段：分论点3——要做好中心论点，需要人们……

第五段：结尾——总结全文。

案例作文：
《诗意地生活》

（二）首段

由于入题很慢是议论文一大忌，议论文的开头往往即指首段。常用技巧有用名言引出论点、用故事铺垫论点、用设问提出论点、用对比归纳论点等。

1. 引用名言，论点随后

例如，以"为他人喝彩"为题的议论文开头：

韩愈说："李杜文章在，光焰万丈长。"鲁迅说："史家之绝唱，无韵之离骚。"他们各自才华横溢，却不吝啬赞美他人。虽然与被赞美者不在同一时代，却毫无保留地为他人喝彩，展现的是人格修养和大家风范。人生，需要为他人喝彩。

2. 故事铺垫，引出论点

例如，以"良好行为习惯的起点"为题的议论文开头：

曾经有人问一位诺贝尔奖获得者："您在哪所大学、哪个实验室学到了您认为最主要的东西？"出人意料的是，这位白发苍苍的学者回答说："是在幼儿园。"这位学者的话说明一个道理：好的生活习惯须从小养成，良好的习惯将会影响一个人的一生。幼儿时期既是人一生的启蒙时期，也是培养良好生活习惯的最佳时期。

3. 设问自答，论点出场

例如，以"人必须有正确的荣辱观"为题的议论文开头：

什么是光荣，什么是耻辱？对于这个问题，很多人并没有进行独立的思考。在生活中，在一些人看来，考上大学光荣，考不上大学耻辱；受了表扬光荣，被批评了耻辱；成功了光荣，失败了耻辱……面对生活中荣与辱问题上的是和非，我们应该正确对待。

4. 对比排比，精辟归纳

例如，以"相信自己，也要信任他人"为题的议论文开头：

有人说："当局者迷，旁观者清。"于是信任他人，让他人决定自己的一切。有人说："只有自己才最了解自己。"于是闭目塞听，在错误的泥潭中越陷越深。相信自己和听取他人的意见看似是不可统一的矛盾双方，但二者正如我们的左膀右臂，缺一不可。我们既要相信自己，也要信任他人。

 小练笔1-5

请以"幸福是奋斗出来的"为题，拟出一个议论文首段。

四、段落中的论证

在议论文的主体段落中，常见的论述模式是：每段首句为小论点或运用承上启下的过渡词句，中间围绕小论点，运用恰当的事实、理论论据，最后结合论述内容写一两句小结的话语。

对事实论据的要求是，分析事实，看出道理。例如，故事"鲁迅在江南水师学堂第一学期结束时，因为考试成绩优异，学校给他发了一枚金质奖章。鲁迅既没有把奖章作为炫耀自己的资本，也没有收藏起来，而是拿到鼓楼街头卖掉了。鲁迅用卖奖章的钱到一家书店买了几本他喜欢的书，又买了一大串红辣椒。从这以后，每当冬天夜深人静，因寒冷和疲倦而难以读书之时，他便取下一只辣椒，分成几片，放在嘴里咀嚼，辣得额头冒汗，眼里流泪，顿觉暖气围身，倦意消除，便又接着捧书攻读"，结合鲁迅日后的成就，便可将该故事作为"一心向学、刻苦求学"的论据。

理论论据是指为论证说明某个问题或观点而引用一些名人名言、谚语、古代文献等进行证明的材料。此外，还包括已被长期实践证明和检验过的自然科学、社会科学的原理、定律等。例如，"只有打动学生，才能引导学生。教师在课堂上展现的情怀最能打动人，甚至会影响学生一生。真信才有真情，真情才能感染人"[①]，这段话可以作为立足幼儿实际，采用儿童立场和儿童视角设计与组织活动的论据。

表1-3　常用的论证方法

论证方法	含　义
举例论证	列举确凿、充分、有代表性的事例证明论点
道理论证	用人们公认的定理等证明论点
对比论证	拿正反两个方面的论点或论据做对比，在对比中证明论点
比喻论证	用人们熟知的事物做比喻证明论点
引用论证	引用名人名言、格言警句、权威数据等证明论点

小练笔1-6

下面是一篇题为《脚踏实地　仰望星空》的议论文节选，请分析其运用了什么论证方法，以及有何不当之处。

周国平曾说，一个不曾用自己的脚在路上踩下脚印的人，不会找到一条真正属于自己的路。越王勾践在遭到失败后并没有心灰意冷，他明白成功不会一蹴而就而需要脚踏实地的作风，于是才有了"苦心人，天不负，卧薪尝胆，三千越甲可吞吴"的故事。正是因为越王勾践不放弃并且脚踏实地一步步想好策略，才最终赢得了战争的胜利。63岁的张桂梅坚守滇西山区教育数十年，创办了全国第一所免费女子高中，不顾自己的伤病却操心学生的学业，助力一个个学生考上理想的大学。在教育领域也需要我们踏踏实实做教育，认认真真做教师。教育从来就需要脚踏实地，一步一个脚印地触发学生内心，让他们在思考中感悟，在经历中成长。

五、素材的充实

无论是引入主题的文首，还是进行论证的文中，各式各样的素材都是议论文不可或缺的。正如"巧妇难为无米之炊"，素材之于作文亦是如此。而素材只有入心、入脑方可灵活运用，若临时抱佛脚死记硬背，到了考场写作时东拼西凑，则很可能出现素材与主题、立意不契合，或素材互相矛盾的情况。

[①] 习近平.思政课是落实立德树人根本任务的关键课程[J].求是，2020（17）：4-16.

具体而言，学习者可从三个方面进行素材的积累。一是词句方面，词可重点积累高频的、经典的成语，句可重点积累与教育相关的名言和切中我国实际的重要话语，前者如陈鹤琴、陶行知、苏霍姆林斯基等教育家的名言，后者如习近平总书记的论述摘编和讲话读本；二是人物方面，可重点积累近年来我国涌现出的先进人物事例（如"卫国戍边英雄团长"祁发宝、"布衣院士"卢永根、"校长妈妈"张桂梅、扶贫干部黄文秀），以及教育领域古往今来的经典人物；三是主题方面，可重点搜集与我国发展和时代脉络密切相关的主题、关键词，如中国梦、教育强国、高质量发展、立德树人、儿童友好、教育脱贫、美育等。

上述三个方面主要指思考和准备的三个角度，其中也存在交会，例如，扶贫干部黄文秀作为先进人物是当代青年应当学习的楷模，而其奉献的脱贫攻坚、乡村振兴事业也是我国发展的一大主题。此外，借鉴经典句式也能为作文润色许多，可从《人民日报》等处学习积累。

 小练笔1-7

下文是一篇教师资格考试作文，请根据表1-4中的评分标准，为其判定分数并说明理由。

实践助力理论

宋代诗人陆游在《示子遹》中写道："汝果欲学诗，功夫在诗外。"这句诗的意思是说：如果你想要学诗，那么你的功夫还要在诗外的学习中积累。与其有异曲同工之妙的是辛弃疾的《丑奴儿·书博山道中壁》："少年不识愁滋味，爱上层楼，爱上层楼，为赋新词强说愁。而今识尽愁滋味，欲说还休，欲说还休，却道天凉好个秋。"

辛弃疾生长在中原沦陷区，青少年时代的他，不仅亲历了人民的苦难，亲见了金人的凶残，还深受北方人民英雄抗金斗争精神的鼓舞。他不仅自己有抗金复国的胆识和才略，而且认为中原是可以收复的。因此，他不知道何为"愁"。为了效仿前代作家，抒发一点所谓的"愁情"，他是"爱上层楼"，无处找愁。显然，这类诗词是不会与读者产生共鸣的。

随着年岁的增长，辛弃疾的处世阅历渐深，对于这个"愁"字有了真切的体验。怀着捐躯报国的志愿投奔南宋，本想与南宋政权同心协力，共建恢复大业。谁知，南宋政权对他招之即来，挥之即去。他不仅报国无门，而且落得被削职闲居的境地，一腔忠愤无处泄，其心中的愁闷痛楚可想而知。

辛弃疾的大彻大悟正好印证了陆游的观点，实践助力理论。正如真正的大文章家，以政治家、思想家居多，而专攻文章、以文为业的反而少。

任何一位教育者都不可能脱离现实实施教育，而照搬前辈的教育方法实施教育的不占少数，多少都会得到没有达到预期效果的结局。这个时候，教育者就要意识到教学应与时俱进，教育方法应进行改变。因为时代的进步在一定程度上会造成孩子的早熟，家长受教育程度的提高在一定程度上会拓展孩子的知识面。

前辈的教育方法可以借鉴，现实的因素也要纳入考虑的范围。当然，教育方法的改变不可能一蹴而就，一次次的失败并不代表白费精力，在过程中积累的经验可以更好地帮助教育者对教学进行分析和研究，丰富理论知识。

教育理论来源于实践，只有在教育实践中，才有产生教育理论的可能，才能使教育理论得到创新和丰富。

——N校2021级学生练笔

表1-4　教师资格考试作文评分参考标准

等级	赋分区间	要求
一	38～50分	切合题意、中心突出、内容充实、感情真切、结构严谨、语言流畅、字迹工整（简单来说，就是准确且有亮点）
二	25～37分	符合题意、中心明确、内容较充实、感情真实、结构完整、语言通顺、字迹清楚（简单来说，就是准确但平庸）
三	12～24分	基本符合题意、中心基本明确、内容单薄、感情基本真实、结构基本完整、语言基本通顺、字迹潦草（简单来说，就是偏了一半或一般性套作）
四	0～11分	偏离题意、中心不明或立意不当、没什么内容、感情虚假、结构混乱、语病多、字迹难辨（简单来说，就是三观不正、全跑题或严重套作）

值得注意的是，从小学起多年的作文练习使得很多学习者形成了一种刻板印象——辞藻的丰富、诗词歌赋与名人名言的旁征博引是优秀作文的唯一特征。但正如文献研究表明，老舍近20万字的《骆驼祥子》只用了2413个汉字。其中，有621个常用字占了总字数的90%。[1] 相比于堆砌华丽而繁复的字词，"准确"与"简洁"实则更胜一筹。

"准确"表现为主题的聚焦、思路的清晰和遣词造句的精准三个方面。表达要想准确，前提是头脑中有足够多可供选择的词语，正如2009年诺贝尔文学奖获得者赫塔·米勒在获奖演说中说的"我们能用的词语越多，我们就越发自由"。

基于此，又可追求更高层次——"简洁"。契诃夫曾言："简洁是天才的姊妹。"正如媒体盘点习近平总书记讲话后发现，他"套话少、比喻多，道理少、个人理解多，'大论'少、小故事多"[2]。在不折损文意的情况下，力求恰到好处地表达，是值得反复琢磨的方向。

 拓展资源：红色金句

儿童们团结起来，学习做新中国的新主人。

——1942年，毛泽东在儿童节题词

一个学校能不能为社会主义建设培养合格的人才，培养德智体全面发展、有社

① 关纪新.老舍评传（增补本）[M].北京：北京出版社，2019.
② 申孟哲.媒体盘点习近平文风：求短、求实、求新[EB/OL].（2014-01-17）[2023-09-30].http://bgimg.ce.cn/xwzx/gnsz/szyw/201401/17/t20140117_2145250.shtml.

会主义觉悟的有文化的劳动者，关键在教师。

——1978年，邓小平在全国教育工作会议上的讲话

希望全国的小朋友，立志做有理想、有道德、有知识、有体力的人，立志为人民作贡献，为祖国作贡献，为人类作贡献。

——1980年，邓小平为《中国少年报》和《辅导员》杂志的题词

百年大计，教育为本。教师是立教之本、兴教之源，承担着让每个孩子健康成长、办好人民满意教育的重任。

——2013年9月9日，习近平向全国广大教师致慰问信

教师要时刻铭记教书育人的使命，甘当人梯，甘当铺路石，以人格魅力引导学生心灵，以学术造诣开启学生的智慧之门。

——2014年5月4日，习近平在北京大学师生座谈会上的讲话

希望广大教师认清肩负的使命和责任，努力为发展具有中国特色、世界水平的现代教育，培养社会主义事业建设者和接班人作出更大贡献！……教师重要，就在于教师的工作是塑造灵魂、塑造生命、塑造人的工作。一个人遇到好老师是人生的幸运，一个学校拥有好老师是学校的光荣，一个民族源源不断涌现出一批又一批好老师则是民族的希望。……好老师要有"捧着一颗心来，不带半根草去"的奉献精神，自觉坚守精神家园、坚守人格底线，带头弘扬社会主义道德和中华传统美德，以自己的模范行为影响和带动学生。

——2014年9月9日，习近平同北京师范大学师生代表座谈时的讲话

各级党委和政府要满腔热情关心教师，让广大教师安心从教、热心从教、舒心从教、静心从教，让广大教师在岗位上有幸福感、事业上有成就感、社会上有荣誉感，让教师成为让人羡慕的职业。

——2016年9月9日，习近平在北京市八一学校看望慰问师生时的讲话

教师做的是传播知识、传播思想、传播真理的工作，是塑造灵魂、塑造生命、塑造人的工作。教师不能只做传授书本知识的教书匠，而要成为塑造学生品格、品行、品味的"大先生"。

——2016年12月7日，习近平在全国高校思想政治工作会议上的重要讲话

评价教师队伍素质的第一标准应该是师德师风。师德师风建设应该是每一所学校常抓不懈的工作，既要有严格制度规定，也要有日常教育督导。我们的教师队伍师德师风总体是好的，绝大多数老师都敬重学问、关爱学生、严于律己、为人师表，受到学生尊敬和爱戴。同时，也要看到教师队伍中存在的一些问题。对出现的问题，我们要高度重视，认真解决。

——2018年5月2日，习近平在北京大学师生座谈会上的讲话

人民教师无上光荣，每个教师都要珍惜这份光荣，爱惜这份职业，严格要求自己，不断完善自己。做老师就要执着于教书育人，有热爱教育的定力、淡泊名利的坚守。……办好教育事业，家庭、学校、政府、社会都有责任。家庭是人生的第一

所学校，家长是孩子的第一任老师，要给孩子讲好"人生第一课"，帮助扣好人生第一粒扣子。

——2018年9月10日，习近平在全国教育大会上的讲话

教师要成为大先生，做学生为学、为事、为人的示范，促进学生成长为全面发展的人。

——2021年4月19日，习近平在清华大学同师生代表座谈时的讲话

拓展资源：《人民日报》经典排比句

有"铺石以开大道"的气度，有"筚路以启山林"的责任，有"功成不必在我"的境界，有"功成必定有我"的精神。

具备"功成必须有我时"的斗志，具备"乘风破浪会有时"的决心，具备"不到长城非好汉"的作风，具备"乱云飞渡仍从容"的定力。

要有"乱云飞渡仍从容"的定力，要有"重整行装再出发"的豪情，要有"咬定青山不放松"的韧劲，要有"直挂云帆济沧海"的魄力。

面对磨难"咬定青山不放松"，面对挫折"泰山崩于前而色不变"，面对质疑"任尔东西南北风"。

彰显"敢教日月换新天"的气概，砥砺"咬定青山不放松"的意志，激扬"越是艰险越向前"的精神。

一起向未来，是源于历史自信的豪迈宣示，一起向未来，是向着光明前景的庄严承诺，一起向未来，是奋进中国的又一次团结进发。

平凡因奉献而伟大，平凡因坚守而崇高，平凡因勇敢而伟岸，平凡因付出而出色。

奋斗精神就是吃苦受累、敢闯敢试的精神，就是胜不骄败不馁、愈挫愈奋的精神，就是无惧无畏、一往无前的精神，就是踏实勤勉、一步一印的精神。

新时代青年要毫不畏惧面对一切艰难险阻，在劈波斩浪中开拓前进，在披荆斩棘中开辟天地，在攻坚克难中创造业绩。

第二章 幼儿园教师简历的写作

 学习目标

1. 了解简历的内涵与类型。
2. 掌握简历的写作框架和写作要点。
3. 能结合自身情况，根据要求，规范灵活地设计简历。

 思维导图

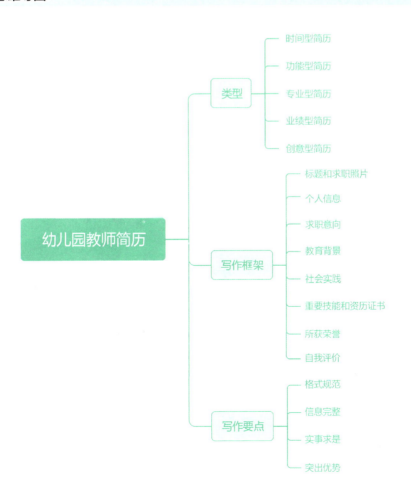

幼儿园教师简历

- 类型
  - 时间型简历
  - 功能型简历
  - 专业型简历
  - 业绩型简历
  - 创意型简历
- 写作框架
  - 标题和求职照片
  - 个人信息
  - 求职意向
  - 教育背景
  - 社会实践
  - 重要技能和资历证书
  - 所获荣誉
  - 自我评价
- 写作要点
  - 格式规范
  - 信息完整
  - 实事求是
  - 突出优势

> **项目任务**

阅读下面某公立幼儿园招聘公告，根据其招聘启事上的要求及自身的就业意向、具体情况，设计一份求职简历。注意格式要规范，语言要简明。

N市×××幼儿园教育集团公开招聘幼儿园教师

一、招聘岗位：学前教育专任教师

二、招聘人数：1名

三、资格条件：

（一）热爱学前教育事业，品行端正，热爱幼儿，身心健康，遵纪守法，志愿从事幼儿园教师工作；

（二）大专及以上学历，且符合学前教育专业毕业或艺术学门类相关专业毕业任一条件。

诚信是社会主义核心价值观的重要范畴。党的十八大以来，习近平总书记在多个重要场合强调诚信的重要性。党的二十大报告提出："弘扬诚信文化，健全诚信建设长效机制。"简历可谓实务类写作中最能体现诚信的文体。在过度美化随处可见的当下，内容属实是简历之本，表达精当和形式美观是简历之要。

一、简历的内涵

当今社会，一份优秀的个人简历因其能全面且富有精华地展现求职者的专业优势与精神风貌，已经成为职场面试中的"敲门砖"。几乎每位试图就业的应届毕业生，都会参加各式各样的招聘会，向少则数家多则数十家招聘单位递交简历，希望自己在众多的求职者之中可以脱颖而出，吸引面试负责人并获得面试资格。

图2-1 某校学前教育专业专场招聘会现场

简历又称"求职资历""个人履历"等，是求职者将自己与申请职位紧密相关的个人信息经过分析整理并清晰简要地表述出来的书面求职资料，是一种应用文写作文体。简历的书面表达内容通常呈现出规范化、逻辑化的特点。具体样式如图2-2所示。

简历

求职意向		会计		
姓　名	×××	出生年月	1989年9月	
性　别	女	政治面貌	共青团员	
籍　贯	北京	最高学历	本科	
邮　箱	qmjianli@163.com	联系电话	188-8888-8888	
地　址				

	起止日期	学校或院校	专业
教育经历	2007年9月—2011年6月	北京财经大学	会计
	2001年9月—2007年6月	北京中学	
	1995年9月—2001年6月	北京小学	

主修课程	会计学原理、财务管理、中级财务会计、审计学、成本会计学、管理会计学、会计电算化、高级财务会计、管理统计学
实习经历	**2011年6月—2011年7月　代账公司　　　实习** 负责公司申报，签三方协议，申请发票，完成报表
荣誉证书	会计从业资格证、珠算四级证书、全国计算机等级考试一级证书、书法二级证书
校园经历	**2007年12月—2010年9月　校学生会文艺部** 负责学校文艺演出，多次举办校园歌手大赛、校园舞蹈大赛和校园文化节等活动
自我评价	我是一名会计专业学生，在校期间刻苦学习，掌握基本理论知识，考取了会计从业证书。勤奋好学，吃苦耐劳，诚实守信，学习能力强，专业成绩突出，曾获得一等奖学金

图2-2　某大学毕业生个人简历

对于应聘者而言，简历是求职的"敲门砖"；对于面试官而言，简历是用于快速了解一名求职者与招聘职位是否匹配的重要依据材料。例如，N市某实验幼儿园招聘公告上招聘对象的专业及学历要求为：全日制本科，学前教育专业，优秀且有特长的大专生可破格考虑。这便需要专科学历应聘者将自己"何处优秀，如何优秀"明确体现在简历之上，才可获得进一步应聘的资格。

二、简历的类型

根据侧重内容的不同，简历可分为时间型简历、功能型简历、专业型简历、业绩型简历和创意型简历五种类型。

（一）时间型简历

时间型简历强调的是求职者的工作经历，大多数应届毕业生尚未参加工作，更谈不上工作经历了，因此时间型简历不适合应届毕业生使用。

（二）功能型简历

功能型简历强调的是求职者的能力和特长，不注重工作经历，因此对应届毕业生来说是比较理想的简历类型。

（三）专业型简历

专业型简历强调的是求职者的专业优势、技术技能，也比较适用于应届毕业生，尤其是申请那些对技术水平和专业能力要求比较高的职位，专业型简历最适合。

（四）业绩型简历

业绩型简历强调的是求职者在以前的工作中取得过什么成就、业绩，对于没有工作经历的应届毕业生来说，业绩型简历不适合。

（五）创意型简历

创意型简历强调的是与众不同的个性，目的是表现求职者的创造力和想象力。创意型简历不是每个人都适用的，它适合于广告策划、应用文、美术设计、从事方向性研究的研发人员等职位。

因此，对于学前教育专业的应届毕业生而言，比较适合的个人简历类型是功能型简历和专业型简历，在简历的写作过程中，可重点凸显求职者的能力、特长、专业优势和技术技能；对于工作后的幼儿教师而言，比较适合的简历类型是时间型简历和业绩型简历，可重点突出工作经历和工作业绩；对于广告策划、应用文、美术设计等其他专业方向的求职者而言，比较适合的简历类型是创意型简历，可重点表现出求职者的创造力和想象力。以下要呈现的简历基本内容围绕幼儿教师适宜的类型展开。

三、简历的写作框架

（一）标题和求职照片

标题一般以"简历""个人简历"命名，放大居中，位于 A4 纸的上方。有时也可省略，直接用自己的姓名作标题。

求职照片一般用近期正规的半身免冠照，照片须精神饱满，展现求职者良好的精神风貌，建议使用照相馆拍摄的一寸彩色证件照。图2-3为某同学简历中的求职照片。反之，如图2-4所示，这种截自某同学简历中的求职照片，则是一张生活照，而非正规的彩色证件照，无论是衣着还是拍摄角度都很随意，不符合规范。

图2-3　某同学简历中的证件照

图2-4　某同学简历中的生活照

（二）个人信息

个人信息主要包括姓名、性别、出生年月、民族、籍贯、政治面貌、家庭住址、邮政编码、联系方式、电子邮箱等有关信息。个人信息一般放在简历第一页的上部或单独成一个版面，以便招聘者与自己联系。其中，特别需要注意的是，联系方式和电子邮箱是必写的内容，否则极有可能导致应聘者丧失宝贵的面试机会。

 案例2-1

表2-1　某同学简历中的个人信息

姓名	张同学	出生年月	1989年9月
性别	女	政治面貌	共青团员
籍贯	北京	最高学历	本科
邮箱	××××@163.com	联系电话	188××××××××
地址	北京××大学宿舍7号楼		

　案例分析：分析张同学简历中的个人信息可发现，缺乏民族等信息内容，且籍贯不完整，应具体到区级，如北京市朝阳区，同时，地址也写得不规范。

（三）求职意向

应聘者应根据用人单位的招聘信息，说明自己主要应聘什么职位，即希望从事的工作，又称"求职意向"。

求职意向的数量一般以一个或两个为主，如果求职者想写两个具体职位，则需满足这两个职位目标不要相差太远的基本要求。此内容既可放置在个人简历的第一项，也可放置在第二项。

 小练笔2-1

根据你对幼儿园的了解，当园方进行人员招聘时，有哪些具体职位可供学前教育专业应届生或历届生选择？

（四）教育背景

教育背景反映了求职者的教育经历和文化水平，其基本格式为"时间段＋学校全名＋专业全名＋学历学位"，一般只需要写明高等教育经历，不包括初等、中等教育经历，特殊需要除外。

（1）时间段：时间段的表述要具体，呈现自入学到毕业的所有时间，并写全年和月，例如，"2012年9月—2016年6月"。此外，目前比较流行的时间排序是倒序，即从最近的一段时间开始写起，由近及远依次填写。

（2）学校名称：学校名称要表述为全称，避免写学校的简称。

（3）学历学位：学历学位的表述要简洁明了。通常学历分为三种，分别是专科、本科、研究生；学位分为三种，分别是学士、硕士、博士。

（4）课程成绩或主修课程：可在最后附上本专业的课程成绩或主修的专业核心课程，且课程必须与应聘职业相关。

 案例2-2

表2-2　某同学简历中的教育背景

教育背景			
2014年9月—2016年6月	B师范大学	专业：学科教学（语文）	学历：教育硕士
2010年9月—2014年6月	A师范大学	专业：汉语言文学	学历：文学学士

案例分析： 该同学简历中的教育背景包含了时间段、学校全称、专业全称和学历四个部分，其中，时间段的表述具体完整，学校和专业的名称用了规范的全称，两段教育经历的呈现也用了倒序的形式。但是，他混淆了学历和学位的概念，案例中呈现的"教育硕士"和"文学学士"应为学位，而其对应的学历分别是"研究生"和"本科"。此外，缺少了课程成绩或主修课程介绍，可在底下做一定补充。

（五）社会实践

社会实践部分可写明两类经历：一类是工作经历，另一类是社会经历。这两类经历须尽可能向专业和应聘的岗位靠拢。

工作经历包括校内工作经历和校外工作经历，可重点写明与学前教育专业相关的实习工作经历或兼职工作经历，也要写明在学校担任的学生工作经历并注明具体职务。此外，也可将组织过的与专业相关的重大活动或取得的重大成就写进去作为补充。

社会经历中须写明参加过的社会实践中的公益活动、志愿者活动，以及参加的与学前教育相关的权威性会议、讲座等。

对于学前教育专业的师范生来说，在校期间参与的一些重要比赛，例如，学前教育专业师范生技能竞赛、幼儿操比赛、儿童画比赛等，都可以作为重点内容写进自己的校内工作经历中。相反，在校外工作经历中参与的一些和专业无关的社会兼职，如奶茶店、快餐店兼职等，则不会成为个人简历的加分项。

 案例2-3

表2-3　某同学简历中社会实践部分的兼职经历

兼职经历
● 在"伊格艺术"担任儿童画教师 负责机构幼儿美术工作，尤其是彩铅画、水粉画的教育教学工作 ● 在"舞彩新星"担任舞蹈助教教师 协助机构舞蹈主教的工作，帮忙纠正学生舞蹈动作上的错误

案例分析：该同学写的兼职经历属于社会实践中的校外工作经历，其兼职经历是在校外机构担任儿童画教师和舞蹈助教教师，这与学前教育专业中美术、舞蹈这两门核心技能课程是有密切关系的，因此符合应聘岗位的要求，其表述无误。

（六）重要技能和资历证书

对于在校大学生而言，在校期间掌握的重要技能和获取的资历证书是其专业学习取得良好成效的宝贵凭证。但须注意不能弄虚作假，要实事求是，且排列时应按照等级由高到低排列。

例如，有的同学通过了大学英语四、六级考试，或是有其他的外语水平资质证书，或参加过雅思、托福、GRE等考试，则可以在个人简历上向用人单位做出说明。如果通过了国家级或省级计算机考试，或是通过相关认证得到了计算机技能证书，也可注明。其他通过统一组织或自考自学取得的等级证书，如幼儿教师资格证、浙江省声乐考级八级、育婴师资格证等都可以写上。

 案例2-4

表2-4　某同学简历中的重要技能和资历证书

技能证书
● 普通话二级甲等证书
● 浙江省英语B级证书
● 通过全国计算机一级考试，熟练运用Office相关软件
● N市书法楷书中级证书
● 中级育婴师资格证

案例分析：案例2-4是某同学在简历中撰写的重要技能和资历证书，可以发现：他写了普通话等级证书、外语等级证书、计算机等级证书、书法等级证书、育婴师资格证等内容，且注明了等级。其中，浙江省英语B级证书可以不写，因为它无法展现该同学"英语水平较高"的优势，在个人简历的写作中也要注意适当地扬长避短。此外，表述也不够具体，应补充证书获取时间。

（七）所获荣誉

在简历中，也要写明大学期间所获荣誉情况，例如，奖学金、优秀学生干部、优秀团员、优秀实习生、军训先进个人等荣誉，且须注明具体等级、颁发的单位和时间。

各级、各类奖励证书等，应附有复印件，撰写时可将同一年度、同一类别的奖励合并撰写，重点体现一些获奖情况，并采取倒序的形式，将最近的事情写在最前面。

此外，还可以注明自己参加过的与本专业相关的比赛获奖情况，以及在大学期间发表的论文、参与的课题，论文要注明发表时间和刊物名称。

小练笔2-2

表2-5是某同学简历中的所获荣誉部分，请结合所学对其进行评析。

表2-5　某同学简历中所获荣誉情况

奖项荣誉	
● 2019年9月	校三好学生
● 2019年9月	校一等奖学金
● 2018年10月	军训先进个人
● 2019年5月	党校学习"优秀学员"

（八）自我评价

在简历的结尾或开始部分，可以用100字左右的篇幅写一份个人自我鉴定，即自我评价。自我评价要突出自身性格、知识、能力、办事效率、组织管理等方面的能力，要客观真实，切忌写套话和空话。

 小练笔2-3

表2-6是某同学简历中的自我评价部分，请结合所学对其进行评析。

表2-6　某同学简历中的自我评价

自我评价：我是一个活泼开朗、积极向上的人，勇于发现并改正缺点。无论是在学习还是在工作中都可以保质保量地完成所有任务。我认为，作为一个时代新人就必须拥有理想，坚定自己的信念，并竭尽全力地去完成，做一个有价值的人，让自己的人生不留下遗憾。

四、简历的写作要点

在简历的写作中，还有一些基本要点（注意事项），如下所示。

（1）贵"简"。以一张A4纸为宜，不必分页，不需要封面；基本的语言要规范到位，简洁明了。

（2）贵"专"。凸显出自己想要表现的专业优势，尽可能向应聘的岗位靠拢。

（3）注意格式规范。如避免出现错别字；建议采用彩色打印，且色彩不宜超过3种；字体最好使用楷体或宋体字，字体要清晰，除标题外，可适当插入黑体字；字号统一。

（4）注意时间的连续性。要从大学时期的经历写起，一般不把小学、初中、高中时期的经历写上去，若要细分时间段，则要注意时间的连续性。

（5）注意逻辑顺序，要有序地介绍，排版清晰。例如，求职意向和个人信息这种关键内容，应放置在简历的最上部；社会实践中的工作经历应放置在社会经历前面，优先介绍和专业相关、向岗位靠拢的经历。

（6）实事求是，突出优势。不能写虚假信息，一切都应有凭有据，实事求是，但也不必过于谦虚，可突出优势。

（7）证书分类。各类证书名称要分类，所有资格证放一起，所有获奖证书放一起。此外，证书的表述要具体，如有普通话证书，不应只写获得普通话证书，一定要标明等级，如获得普通话二级甲等证书等。

（8）少用简写词语，切忌主观性太强，慎重使用含有"我"的词句。用"我觉得""我看""我想""我认为"等语气说明自己的观点时要慎重，因为这些词句的主观性较强，不适宜在简历中使用。

（9）注意简历发送的格式与要求。简历发送前转化成PDF格式，以"应聘岗位+姓名+学校+手机号"格式命名（或按用人单位要求的格式），推荐使用163邮箱，邮箱名尽量为自己姓名的拼音。

 小练笔2-4

图2-5是C同学的简历，他（她）在向某幼儿园投递简历后，许久没有收到幼儿园的回音。请根据其简历情况，帮助他（她）分析原因，分点罗列。

图2-5　C同学的简历

五、简历模板的选取

基于当前严峻的就业形势，同一岗位的竞争是非常激烈的，用人单位的人事部门每天要查阅的简历数量很多，繁杂的设计图案和大量的文字只会消耗对方的时间与精力，导致对方丧失仔细查看简历的耐心。如何挑选一份好的简历模板，从而提高面试的成功率呢？请注意以下几点要求。

一是条理清晰，简约大方。一份规范的简历，应做到条理清晰，简约大方。因此，在选择简历模板时应挑选那些栏目分明、逻辑清晰，整体视觉简约、大方、和谐的模板。

二是色彩不宜超过3种。简历中色彩的使用和搭配，也侧面反映了一位应聘者的审美能力。一般来说，一份简历中的色彩不宜超过3种，色彩太多会给人一种花哨的视觉感受，也极有可能给用人单位留下"审美能力弱""不稳重"的负面印象。

三是不需要额外的封面。个人简历的篇幅以一张A4纸为宜，不必分页，更不需要封面。因此，在挑选简历模板时应避开那些篇幅过长，尤其是有封面的模板。

现列举规范的个人简历版式，如图2-6所示。

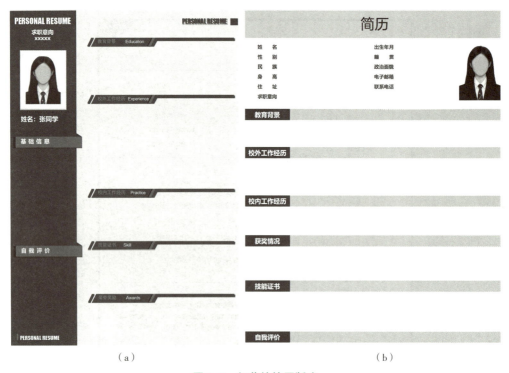

（a）　　　　　　　　　　　　　　　　　（b）

图2-6　规范的简历版式

 小练笔2-5

图2-7是某同学选择的简历模板，请分析该模板的不足之处。

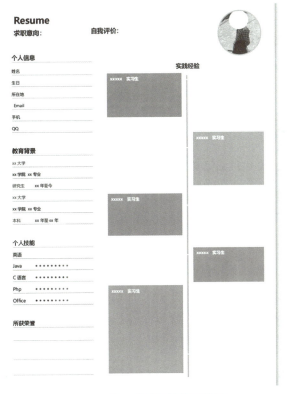

图2-7　某同学选择的简历模板

六、简历中的写作误区

在简历的撰写与制作过程中，有些误区常导致简历无法通过初次筛查，现列举如下。

（一）忽视对应聘单位和职位的了解

很多幼儿教师求职者都忽视了对园所和职位的了解。犯此类错误的求职者，往往为了尽快完成简历，只顾研究自身情况，而为了多投、广投简历，便不研究招聘幼儿园的情况。这恰恰是他们的简历缺乏竞争力的原因。成功的推销员推销产品的时候，从不会只说产品本身的优点，还会说明产品是如何适合购买者的。同理，不仅体现自己能胜任这份幼儿教师工作，而且凸显自身条件、过往经历和特点与园方及岗位非常匹配，才是一流的简历。

（二）简历造假、注水

简历中需要客观真实地呈现个人的基本信息与经历，切忌无中生有和添油加醋。无中生有即伪造简历，一经发现很容易被取消面试资格；添油加醋即过分美化简历、给简历注水，如果遇到有经验的面试官，那么也容易在提问时被问及一些具体的细节，暴露出简历注水的问题。

（三）简历平均用力、没有亮点

在简历的制作过程中，也要注意"让金子更耀眼"，即重点突出自身表现较好的经历，淡化表现较普通的内容，否则就会导致简历平均用力，各模块平平无奇，缺乏亮点，自然也就无法吸引用人单位。

核心观点2-1

一份好的简历，要通过自己做过的事情体现自己的能力，特别是显示出自己比同龄人、应聘同职位的人能力更强。

——吴军《阅读与写作讲义》

（四）用PPT制作简历

一些个人作品的总结、承担过的项目与科研成果的汇报，采用PPT的形式是比较恰当的，但是简历不是总结也不是项目汇报，而是一种书面求职资料，因此简历切忌用PPT制作，通常采用Word或PDF格式较为合适。

（五）照片选取不当

一些毕业生为了引起用人单位的注意，特地选用夸张、个性化的搞怪大头贴或生活照作为个人简历中的求职照片，从而带来负面效果。除了语言描述外，照片也是一份简历当中不可或缺的一部分。在照片的选用上，要选择形象饱满的证件照，凸显出个人干净、清爽、精神饱满的特质，给用人单位留下好的印象。而那些个性特征鲜明、较为搞怪夸张的照片，则不适合放到严谨的求职简历中。

党的二十大报告指出，"必须坚持在发展中保障和改善民生，鼓励共同奋斗创造美好生活，不断实现人民对美好生活的向往"。就业是最大的民生。对于学前教育专业应届毕业的学生来说，当前积极的就业政策是国家和社会为青年大学生谋求的机遇，制作一份优秀的个人简历，最大限度地展现求职者的专业优势与精神风貌，将为他们实现高质量就业奠定基石。

案例优化

以下是某师范院校学前教育专业的一名同学写的个人简历，有初稿、修改稿和终稿（范文），共计3份，向我们呈现了通过简历写作的课程学习，她初步的写作思考、进一步的反思修改和最终不断完善的完整写作过程，并附上教师提供的审阅意见。

【初稿】

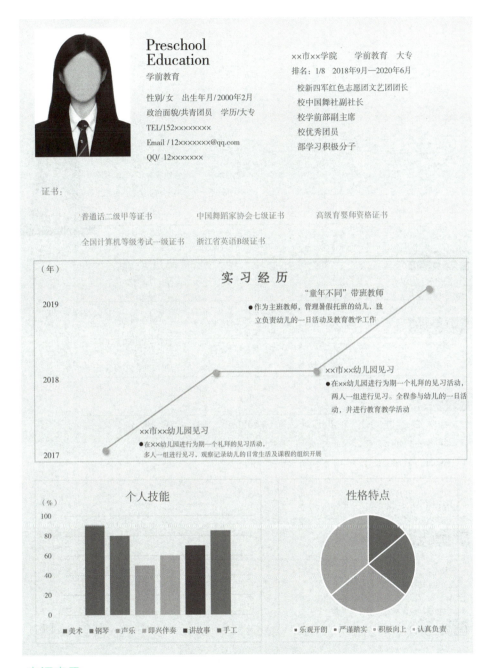

审阅意见：

（1）简历模板选取不当，整体格式混乱，部分内容字体太小。

（2）个人信息中缺少姓名、民族、籍贯、家庭住址。

（3）学生工作经历表述不具体，缺少时间段；证书表述不具体，缺少获得的时间；缺少自我评价。

（4）教育背景中缺少主修课程。

（5）求职意向"学前教育"表述有误，应为"幼儿园教师"。

（6）"实习经历"是个人简历中和专业相关的重要内容，因此要放置在简历上部。

（7）"个人技能"和"性格特点"不适宜用图示表达，无法体现客观性和真实性。

【修改稿】

简历

姓　　名	王晓轩（化名）	出生年月	2000年2月	
性　　别	女	籍　　贯	××省××市	
民　　族	汉族	政治面貌	共青团员	
身　　高	165cm	电子邮箱	12×××××××@qq.com	
住　　址	××省××市××区××街道××小区	联系电话	152××××××××	
求职意向	幼儿园教师			

教育背景

2015年9月—2018年6月　　　　××市××高中　　　　　　　学前教育（高中）
2018年9月—2020年6月　　　　××市××学院　　　　　　　学前教育（专科）
主修课程：学前教育学，学前儿童心理学，学前儿童卫生学，幼儿园教育活动设计与实施，学前儿童游戏教程等

工作经历

- 2017年　　在××市××幼儿园进行为期一周的见习，观察记录幼儿的日常生活及课程的组织开展
- 2018年　　在××市××幼儿园进行为期一周的见习，全程参与幼儿的一日活动，并进行教育教学活动
- 2019年　　在××市"童年不同"机构担任带班教师，管理暑假托班的幼儿

校内经历

- 2015年10月—2018年6月　　××市××高中　　担任校新四军红色志愿团文艺团团长
- 2017年2月—2017年6月　　　××市××高中　　担任校中国舞社副社长
- 2016年10月—2018年6月　　××市××高中　　担任校学前部副主席
- 2019年9月—2020年6月　　　××市××学院　　担任校公寓自治委员会楼长
- 2018年9月—2020年6月　　　××市××学院　　担任学前教育×班班长
- 2019年4月　　　　　　　　　××市××学院　　校优秀团员
- 2019年10月　　　　　　　　　××市××学院　　校一等奖学金

技能证书

普通话二级甲等证书
中国舞蹈家协会七级证书
高级育婴师资格证书
全国计算机等级考试一级证书
浙江省英语B级证书

自我评价

*工作细致认真，积极主动，有耐心、严谨、性格活泼开朗，善于接受新事物
*有较强的沟通能力和团队合作精神，具备组织协调能力，较强的责任感以及进取精神
*从事学前教育相关知识学习五年，对学前教育工作有浓厚的兴趣及热情，喜欢并不断学习

审阅意见：

（1）"教育背景"中高中的经历一般不需要放进去。

（2）"工作经历"标题可表述为"校外工作经历"，时间应表述得更具体，且采用倒序形式。

（3）"校内经历"标题可表述为"校内工作经历"，且不需要写高中时期的经历，表述的顺序应为倒序。

（4）"校内经历"中的最后两项应表述为"获奖情况"，不能和校内工作经历放到一个板块中，且表述的顺序应为倒序。

（5）"技能证书"的表述不够具体，应加上颁发时间，且表述的顺序应为倒序；英语B级证书体现不出英语的优势，可以省略不写。

【终稿】

简历

姓　　名	王晓轩（化名）	出生年月	2000年2月
性　　别	女	籍　　贯	××省××市
民　　族	汉族	政治面貌	共青团员
身　　高	165cm	电子邮箱	12×××××××@qq.com
住　　址	××省××市××区××小区	联系电话	152××××××××
求职意向	幼儿园教师		

教育背景

2018年9月—2020年6月　　××市××学院　　　　　　　学前教育（专科）
主修课程：学前教育学，学前儿童心理学，学前儿童卫生学，幼儿园教育活动设计与实施，学前儿童游戏教程等

校外工作经历

- 2019年7月　　在××市"童年不同"机构担任带班教师，管理暑假托班的幼儿
- 2018年6月　　在××市××幼儿园进行为期一周的见习，全程参与幼儿的一日活动，并进行教育教学活动
- 2017年6月　　在××市××幼儿园进行为期一周的见习，观察记录幼儿的日常生活及课程的组织开展

校内工作经历

- 2019年9月—2020年6月　××市××学院　　担任校公寓自治委员会楼长
- 2018年9月—2020年6月　××市××学院　　担任学前教育×班班长

获奖情况

- 2019年10月　××市××学院　　获得校一等奖学金荣誉
- 2019年4月　××市××学院　　获得校优秀团员荣誉

技能证书

- 2019年6月　　获得全国计算机等级考试一级证书
- 2019年3月　　获得高级育婴资格师证书
- 2019年1月　　获得中国舞蹈家协会七级证书
- 2018年11月　获得普通话二级甲等证书

自我评价

- 工作细致认真，积极主动，有耐心、严谨，性格活泼开朗，善于接受新事物
- 有较强的逻辑思维能力，善于分析、归纳、解决问题
- 有较强的沟通能力和团队合作精神，具备组织协调能力、责任感和进取精神
- 从事学前教育专业学习五年，具备较为扎实的专业基础，对学前教育工作有浓厚的兴趣和热情

拓展资源：求职信

在求职特别是线上求职过程中，个人简历和求职信往往是搭配使用的求职材料。简历本身有固定的格式及内容，但无法很好地让用人单位知道求职者对于这份工作的了解和兴趣。因此，在发送简历的同时需要附上求职信，这更能彰显求职者的专业与诚意。

1. 求职信的内涵

求职信，又称"应聘信""自荐信"等，是求职者向有关单位、部门或领导者推荐自己从事某种工作、承担某种任务及表达自己求职愿望的应用文体。求职信应具体表现自己的实际能力，充分了解招聘单位职位所需的要求。

2. 求职信的基本形式

（1）自荐信。在不知道用人单位是否需要招聘人的情况下写的求职信，叫作"自荐信"。

（2）应聘信。在已知用人单位公开招聘某种人员的情况下写的求职信，叫作"应聘信"。

3. 求职信的基本内容

求职信一般由七个部分组成。

（1）标题。求职信的标题通常只有文种名称，即在第一行居中写上"求职信"、"自荐信"或"应聘信"，字号通常比正文略大。

（2）称呼。在标题之下空一行到两行后，顶格写明用人单位的名称（最好用全称）或领导、负责人的姓名、职务名称，称呼之后加冒号。

（3）问候语。在称谓下另起一行，开头空两格写上问候语"您好！"或"你好！"，表示对收信人的尊敬和礼貌。

（4）正文。求职信正文一般包括下面三部分内容。

①开头。开头可以写用人信息的获得渠道，求职人的自我介绍，自荐的岗位、职务，或是自己可以承担什么工作（目的）。在这一部分可以说明自己要谋求这一岗位的理由，也可以对应聘的单位或职位表明自己的仰慕之情。开头表述应简洁明确、干脆利落，不宜过多过长。

②主体。首先，详细介绍自己的专业优势，参加过的项目、取得的成绩等，如果是应届毕业生，就可以介绍自己学习的主要专业课程，参加的专业实践活动及在各类专业竞赛中的获奖情况等；其次，介绍自己的工作能力及爱好特长，包括自己担任过的社会职务，自己的组织能力、人际交往能力、口头表达能力等；最后，如果用人单位明确，就可以谈谈对单位的认识、了解，表达迫切要求工作的愿望及录用后的打算。在撰写这部分时，要把握分寸。

③结尾。结尾再次表达求职的愿望、希望获得的机遇，起到吸引和打动对方的作用。还可以表达出希望对方给予回信以及盼望能有一个面谈的机会。如"希望给

予面试的机会""热切地盼望贵园给予答复"等。

（5）祝颂语。出于礼貌，在求职信的最后要另起一段，写一两句祝颂的话语或敬语。它有以下两种格式：一种是两行式，即正文后另起一行，空两格写"此致"，再另起一行顶格写"敬礼"；另一种是一行式，正文后另起一行空两格，写祝福的话语，如"祝您事业发达"等。

（6）落款和日期。署名写上"申请人：×××"或"求职者：×××"，日期写在姓名下一行。必要时写上联系方式、联系地址、邮政编码等基本信息。

（7）附件。附件不宜过多，选最能证明自己才能的资料复印件，还可以附上联系方式之类。如个人简历、学历证书、成绩单、资格证书、技术等级证书、论文、获奖证书及能证明自己优势的有关材料。如材料多，则应依次标上序号。

4.求职信写作的注意事项

（1）目的明确，要点突出。求职信要抓住重点，尽可能用有限的文字充分展示自己的才干和专长。

（2）态度谦和，言辞恳切。求职者应根据自身情况，以充满自信、谦逊礼貌的态度，不卑不亢的语言，展示自己的才华。

（3）实事求是，言之有物。写求职信必须实事求是，突出自己的优点，但千万不可夸夸其谈，弄虚作假。

拓展资源：面试中的自我介绍

幼儿园组织的面试通常需要求职者进行自我介绍，目的是让面试官了解简历上没有的内容，例如，家庭环境、兴趣爱好、求职动机等，也可以缓解面试中的紧张氛围。在自我介绍的过程中，面试官会提取一些关键问题待自我介绍完毕后详细询问。因此，面试时的自我介绍是非常重要的环节，考察求职者的逻辑思维能力。在准备面试中的自我介绍时，可以参考以下要点进行。

1.简要介绍自己的基本信息和家庭情况

篇幅为三句话左右，不需要太详细。因为在大多数情况下，面试官对这些内容不会重点关注，介绍太多则可能会引起面试官的反感。

2.介绍自己的工作经历

工作经历的介绍要言简意赅，突出介绍重要经历和所获成绩，但时间不要太长，控制在两分钟以内。需要注意的是，自我介绍中的工作经历一定要与简历上写的工作经历信息吻合，重点说明在某个单位任职某个岗位的主要工作内容及自己的贡献价值，同时，也要说明自己的校内工作经历。

3.表明自己有足够的能力胜任应聘岗位

这部分可以简要说明未来的工作规划，即如果成功应聘了该岗位，那么今后会如何开展工作并达成什么样的目标，也可以简述对用人单位基本信息的了解情况，表达强烈的向往之情。这会给面试官一个强烈的信号，反映出你应聘这份工作的用心和诚意。

4. 注意自我介绍中的一些细节表现与表情

例如，求职者要跟面试官有眼神交流，不要害怕躲闪；介绍的时候保持微笑，神情自然；介绍过程中可以使用适当的肢体语言动作；介绍完毕的时候礼貌道谢。

拓展资源：范例推荐

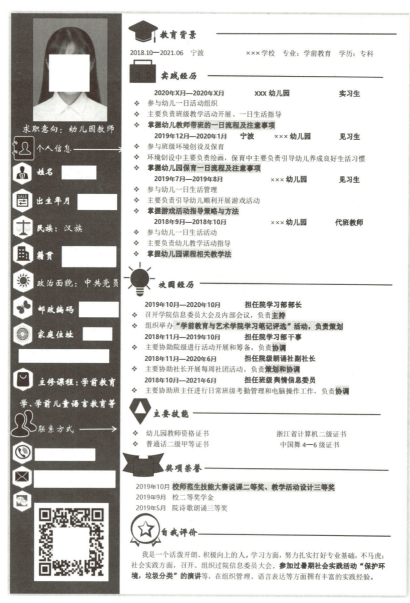

图2-8　范例简历

第三章　学前教育新闻稿的写作

 学习目标

1. 了解学前教育新闻稿的含义、类型与特点。
2. 掌握学前教育新闻稿的写作要求。
3. 能立足学前教育相关活动撰写规范、完整的新闻稿。

 思维导图

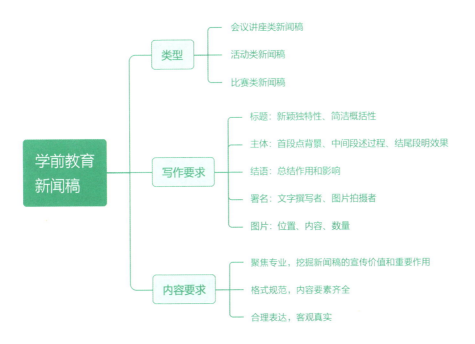

项目任务

请结合自身教育实习的经历，以"入园—实习结束"为时间线索，撰写一份完整的活动类新闻稿。

幼儿园一般不会设置专门的宣传人员，因此每位幼儿园教师便是自己所在班级甚至所在园所的宣传者，这既体现在幼儿园公众号上发布的新闻稿，也体现在宣传活动中面向同行、家长、专家与领导的讲解和介绍。而上述能力往往并非职后培训的内容，而是需要学前教育专业学生在职前阶段练就的。

一、学前教育新闻稿的含义

新闻稿是记录与传播信息的一种文体，记录与传播的这些信息必须是正在发生或近期发生的真实事件，覆盖在人们的生活中，也是人们普遍熟悉和关心的问题。随着互联网的不断发展，我国已经进入了信息社会，人们可以随时随地通过互联网传递消息、发布新闻、获取新闻。善于发现新闻素材，培养对新闻敏锐的观察力，学会以新闻稿的形式报道读者广泛关注的各类信息，是当前高等职业院校大学生提升写作能力和综合素质的重要途径之一。

当前高等职业院校学前教育专业非常注重师范生核心素养的培养，不定期举办各类专业的会议讲座、活动和比赛。对于学前教育专业的学生来说，积极参与高校院系教学、科研、学工等各类工作和各项学生活动的宣传报道，撰写各类新闻稿，不仅能对自身领悟新闻报道意义、端正新闻报道方向、夯实写作功底产生积极影响，还能起到畅通信息、凝聚共识、弘扬正气、宣传教育等作用，更能为未来从事学前教育相关工作奠定扎实的写作基础。

二、学前教育新闻稿的类型

（一）会议讲座类新闻稿

会议讲座类新闻稿是高校学前教育专业在举办各项会议、培训讲座时需要详尽报道的一种文体。新闻稿中要写明会议或讲座举办的时间、地点、人物、主要内容、作用意义等要素，凸显会议或讲座的核心主题带给参与者的积极影响。案例3-1和案例3-2的新闻稿就属于会议讲座类新闻稿，写明了会议和讲座举办的时间、地点、人物、主要内容和作用意义，主题鲜明，能凸显其带给参与者的积极影响。

 **案例3-1**

学前教育学院召开2020级学前教育专业实习动员会议

4月11日，学前教育学院在330教室召开2020级学前教育专业实习动员会议。院长林××、学前教研室主任王××、学前教师代表和各班学生代表参加本次会议，本次会议由王××老师主持。除主会场外，班级的其他学生均在各自教室以观看直播的形式参加会议。

会上，院长林××部署并强调了实习纪律要求：第一，明确实习期间请假管理制度，严格遵守外出实习请假规定，熟悉请假流程；第二，严格遵守外出实习住宿规定，遵守宿舍的出入、就餐、洗澡、就寝、晚间考勤和垃圾分类与投放的要求；第三，注意穿着方面的形象，以一名师范生的身份严格要求自己；第四，遵守实习单位的各项规章制度与疫情防控要求，待人接物谦虚有礼，落落大方，充分体现师范生的精神面貌；第五，实习期间注意自身安全，严防上当受骗欺诈，提高警惕，时刻保持头脑清醒；第六，认真学习，收获实践经验，敢于挑战自我、克服困难，珍惜学校、幼儿园提供的宝贵实习机会，学有所成。

随后，学前教研室主任王××详细讲解了实习目的、实习时间、实习任务，要求学生仔细研读实习手册，提前做好个人见习规划，带着问题进入教育实践，并在幼儿园努力争取独立开展教育教学的机会。王××老师指出，作为一名学前教育专业师范生，必须明确自身身份，将课堂内学到的专业理论知识、各领域教学法相关知识与幼儿园一线教育实践知识紧密结合，必须虚心向幼儿园一线、经验丰富的教师学习，主动帮忙，为其提供力所能及的帮助，同时强调要在5月30日前完成教师教育平台任务的提交。

通过本次实习动员会议，学生能明确本次实习的相关任务要求，树立正确的就业观与择业观，在接下来的实习中更多地了解作为一名优秀的学前教育专业师范生应具备的专业理念与师德、专业知识和专业能力，为切实开展实习活动做足准备。希望每位实习生增强自我管理能力，夯实专业基础，提升专业素养，以饱满的热情和认真的态度开展为期四周的实习活动！（文/任××）

 案例3-2

"财富可以再造，生命不能重来"
——学前教育学院召开新生消防安全讲座

2022年11月9日上午9点，我校学前教育学院消防安全讲座于会议中心如期举行。学校有幸请到××市消防协会教员主持此次讲座，学院全体新生积极参与了此次讲座。

首先，消防教员为同学们讲解了基本消防安全制度，并简要介绍相关法律法规，旨在使大家形成基本消防观念。教员结合近年各项实际案例，并配合一幅幅触目惊心的图片、一段段发人深省的视频，生动地讲解了消防安全知识。同学们对讲座内容非常重视，听得非常认真，并积极做好讲座记录。

通过对视频中火灾事故原因的分析，消防教员提醒同学们对生活中的细节要留心，出门前要关闭电源，避免酿成大祸。同时，还告诫同学们要避免在宿舍使用大功率用电器，给他们敲响了警钟。

其次，消防教员为同学们介绍了火灾扑救与火场逃生的知识，例如，发现明火时扑救要及时，要学会使用灭火器，平时要留意灭火用具的摆放位置和使用方式，以及安全通道的位置，便于应对突发状况。这些消防理论知识的普及不仅增加了同学们的消防安全意识，还能增强同学们面对突发火灾情况的自救能力。

"财富可以再造，生命不能重来。"本次讲座很好地普及了消防安全知识，在广大新生中传达了消防安全理念，对提高同学们的消防安全意识产生了积极影响。（文/周××）

（二）活动类新闻稿

活动类新闻稿是高校学前教育专业在举办各项活动时需要详尽报道的一种文体。新闻稿中要写明活动开展的目的、时间、地点、人物、主要内容、影响等要素，彰显活动对大学生专业实践能力和综合素质提升的重要作用。案例3-3的新闻稿就属于活动类新闻稿，写明了活动开展的目的、时间、地点、人物、主要内容和影响，彰显了活动对大学生专业实践能力与综合素养提升的重要作用。

 案例3-3

学前教育学院举办2022年教育实习成果汇报活动

实践教学是学前教育专业人才培养方案的有机组成部分，是提高学生实践能力的重要环节。为展现学前教育师范生实习教育实践成果，学前教育学院于近日举办了第三届教育实习成果汇报活动。主会场设在丽江园幼儿园和学校大剧院，学院全体教职工和2018级全体学生通过"线上+线下"的方式，一同参与和观摩此次活动。

在丽江园幼儿园，2018级学前3班黄××同学和2018级学前7班姜××同学作为优秀实习生代表，分别为全体师生展示了中班社会活动"七彩鱼"和中班语言活动"灿烂的天空"。在互动式反思和点评活动中，两位执教学生分享了自己在课程设计中的思路、对教学方法的评价与对课堂呈现结果的反思。我校名师工作室成员到场指导，胡丽华老师充分赞许了两位准幼儿园教师的精心准备和优异表现，指出新教师执教集体教学活动中容易出现的问题，现场重构了这两个集体教学活动，并为如何更好地设计和实施集体教学活动提出了建议与期望。

在学校大剧院大厅里展出的以"游戏中的孩子"为主题的摄影作品展览，引得不少学生驻足观看。学前教育学院院长××首先致辞。他阐释了本次教育实习成果汇报活动的意义，师范生的"三习"——见习、实习和研习，是提高师范教育专业学生素质和技能水平的重要途径之一。××院长也对同学们提出了殷切希望，希望他们牢记校训，怀揣幼儿教育之梦，不断从合格走向优秀，从优秀走向卓越。

撰写实习故事，记录下实习过程中印象最深刻的人、事、物，及时总结与反思，有助于学前教育专业师范生形成职业认同、提升反思能力。张×、蒋××、罗×三位同学用三篇优秀的实习故事，从对特需幼儿惠风和畅的容纳、对不成功活动鞭辟入里的反思、对不完美幼儿春风化雨的影响等不同角度，借由一张张生动可爱的照片、一句句真挚炽热的话语，声情并茂地诉说了自己在四周实习生活中难忘的动人故事。马×老师随之通过总结实习故事的三大特性，进行了精彩点评。实习小组的风采展示环节，也让在场的师生深入领略了不同地区幼儿园的特色。

教育实习成果汇报活动聚焦师范生教育"三习"过程中的收获与成长，通过照片展示、故事分享、特色活动展示、集体教学活动展示等多种方式，全方位展示了师范生教育实践风采，不仅能锻炼学生理论联系实际和分析问题、解决问题的能力，还为师范生今后走上幼儿园教师工作岗位打下良好的基础。（文/沈××）

（三）比赛类新闻稿

比赛类新闻稿是高校学前教育专业在举办各项比赛时需要重点报道的一种文体。当前高校举办的学生比赛涉及专业类比赛（如学前教育专业师范生技能竞赛、儿童画创作比赛、幼儿操比赛等）、文体生活类比赛（如篮球赛、羽毛球赛、文明寝室评比大赛等）。无论是何种类型的比赛，新闻稿中都要写明比赛举办的原因、时间、地点、人物、过程、结果、影响等要素，体现该类比赛对培养学前教育专业师范生核心素养的重要作用。案例3-4的新闻稿就属于比赛类新闻稿，其中涉及的比赛是文体生活类比赛，写明了比赛举办的原因、时间、地点、人物、过程、结果、影响等，体现其对培养学生劳动素养和创新精神的重要作用。

 案例3-4

"我的寝室我做主"
——我校学前教育学院举办最美寝室大赛

2022年11月，为了倡导大学生劳动教育，提升师范生核心素养，也为了进一步加强绿色校园建设，我校学前教育学院开展了以"我的寝室我做主——打造最美寝室"为主题的比赛。本次比赛由学前教育学院生活部举办，面向全体2022级新生寝室。

新生参与活动热情高涨，寝室内务整理如火如荼。许多寝室成员充分发挥想象力进行寝室门牌的创意设计。寝室成员还一起制定了寝室公约来提升室友间默契，促使大家养成良好的生活习惯。活动后期，同学们纷纷晒出活动照片和视频并进行了投稿。根据投稿情况和实地考察，学院评选出了5个最美寝室并由学院颁发奖状和奖品。

通过本次比赛，同学们收获颇多。荣获"最美寝室"称号的425寝室同学郑×说道："大家一起打扫寝室卫生，一起为寝室精心装扮的氛围特别好，不仅改善了居住环境，而且有利于寝室的团结和谐。"428寝室的魏×同学表示赞同："学院这次活动很有意义，我们会努力做好自己应该做的事情，为美丽校园贡献一份力量。""劳"有所获，"动"出精彩。本次比赛在新生群体中掀起了爱劳动、爱创造的热潮，同时，也将我院寝室文明建设水平推向了新高度。（文/王××）

三、学前教育新闻稿的写作要求

（一）新闻稿的格式要求

1. 标题

新闻稿和其他学前教育应用文一样，需要取一个新颖独特的标题，激发读者的阅读兴趣，牢牢吸引读者的注意力，这是新闻稿撰写中一个至关重要的环节。学前教育新闻稿的标题在拟定的过程中，要注意把握两个要素：一是新颖独特性，标题要有新意，亮丽出彩，抓住读者的眼球；二是简洁概括性，标题要用简洁明了的词句精确地概括出新闻稿的核心主题。

 案例3-5

以下是某高校学前教育专业举办"创翼·市集"活动后发布的新闻稿标题，请结合所学，分析其是否合理。

"情暖冬日，劳动育人"
——学前教育学院举行第七期"创翼·市集"活动

案例分析：该新闻稿的标题拟定得较为合理。原因有两点：一是体现了新颖独特性，用"情暖冬日，劳动育人"概括此次活动，吸引了读者的注意力，让读者不由自主地联想到学前教育师范生应具备的热爱劳动的素养和人文主义情怀；二是体现了简洁概括性，用简洁明了的词句直接指明了活动举办方和举办内容，让读者一看便能了解活动的核心主题。

2. 主体

主体是新闻稿的核心部分，要描述新闻的主题和具体内容，并具有足够的典型材料展现主体，这也正是新闻稿的独特魅力。一般来说，在撰写新闻稿的主体部分时，需要写明背景、目的、时间、地点、人物、过程、结果等要素。

主体部分的首段，通常要写明会议、讲座、活动或比赛举办的时间、地点、主要参与人物，并简要概括其背景和目的。

案例3-6

以下是某高校学前教育专业发布的新闻稿主体部分的首段，请结合所学，分析其是否合理。

"教育见习"是学前教育专业的一门综合实践课程，也是培养合格教师必不可少的教学环节。为增强学生对幼儿园教育教学工作的适应性与独立执教能力，查找自己在专业知识和专业技能方面的不足，明确自己今后努力的方向，学前教育学院在2021年4月12—23日为2019级学前教育专业学生精心安排了40所市区幼儿园进行为期两周的教育见习。

案例分析：上述段落是一篇新闻稿主体部分的首段，写明了教育见习活动开展的时间为2021年4月12—23日，指出了地点为40所市区的幼儿园，主要参与人物是学院2019级学前教育专业学生，并概括出该活动举办的背景是基于学校的综合实践课程及合格教师的培养要求，目的是增强学生对幼儿园教育教学工作的适应性与独立执教能力，查找自己在专业知识和专业技能方面的不足，明确自己今后努力的方向。总体来说，要素齐全，较为合理。

主体部分的中间段落，往往要写明会议、讲座、活动或比赛举办的主要过程，概括出主要内容和主要参与对象的语言及行为。

 案例3-7

以下是某高校学前教育专业发布的新闻稿主体部分的中间段落，请结合所学，分析其是否合理。

4月12日，是见习的第一天，也是我院21位见习带队教师亲自带领学生下园的第一天。"很激动""终于又能下园了""很喜欢幼儿园"，教师深切感受到了学生热情洋溢的笑容和对幼儿发自内心的喜爱之情。

进入幼儿园以后，各园的负责教师组织幼儿园班级指导教师、见习带队教师和见习学生开展了一次讲座，介绍了幼儿园的基本情况、幼儿园作息制度、教师的基本职责与工作要求，给学生进一步部署了见习任务。除了要完成学院、幼儿园规定的见习任务以外，学生还要严格遵守幼儿园对于仪容仪表、行为举止、日常作息、疫情防控等方面的基本要求，养成良好的生活习惯，保持积极的心态，努力成为一名深受幼儿喜爱的优秀教师。

随后，各幼儿园的带队教师陪同学生一起进班，与班级指导教师进行沟通与交流，对学生为期两周的教育见习活动提出了三点希望：第一，多观察，积极观察班级、教师和幼儿的基本情况与各项活动的实施情况；第二，多请教，虚心向有经验的指导教师请教；第三，多反思，及时反思自身在见习过程中的问题并努力改进。

案例分析：上述段落是一篇新闻稿主体部分的中间段落，写明了教育见习活动下园第一天的主要过程。其中，幼儿园的负责教师、幼儿园班级指导教师、见习带队教师作为活动的主要参与对象，他们的重要语言和行为在其中得到了体现。总体来说，要素齐全，较为合理。

主体部分的靠后段落，通常要写明活动或比赛的具体结果。会议、讲座类新闻稿如果在内容中不涉及具体结果的，则可以不呈现。

 案例3-8

以下是某高校学前教育专业发布的新闻稿（比赛类）主体部分的靠后段落，请结合所学，分析其是否合理。

根据投稿情况和实地考察，学院评选出了5个最美寝室，颁发了奖状和奖品。

案例分析： 上述段落是一篇新闻稿主体部分的靠后段落，由于是比赛类新闻稿，需要写明比赛结果。总体来说，内容完整，较为合理。

3. 结语

结语是新闻稿的最后一段，在结语中需要对会议、讲座、活动或比赛举办的作用和影响进行总结，阐明其对学前教育师范生人文底蕴、科学精神、自主学习、健康生活、责任担当、实践创新等多方面的积极意义，带给读者更多的启发和教育影响。

 案例3-9

以下是某高校学前教育专业发布的新闻稿的结语部分，请结合所学，分析其是否合理。

通过本次教育见习活动，学生能充分认识幼儿园教育工作的重要意义，体验教育教学过程，掌握教育技能，活用教育理论，反思教育实践，生成教育智慧，涵育教师气质，提高工作技能水平与职业岗位适应性，为返回学校课堂提供实训积累，为师范生技能发展和能力提升提供有效平台保证。"以梦为马，不负韶华"，怀揣着对学前教育专业学习的热情和对幼儿教师行业的梦想，2019级见习学生立下了坚定的宣言："在教育见习中，要坚持热爱幼儿教育、献身幼儿教育的价值导向，怀有一名幼儿园教师具有的爱心、耐心、细心、事业心和责任心，努力学、扎实学、细心学，学到扎实的教育技能，成为一名拥有教育智慧、蕴含教师气质的准幼儿教师！"

案例分析： 上述段落是一篇新闻稿的结语部分，对教育见习活动给学生带来的作用和影响进行了总结，并阐明了其对学前教育专业师范生在体验教育教学过程、掌握教育技能、活用教育理论、反思教育实践、生成教育智慧、涵育教师气质、提高工作技能水平与职业岗位适应性上的启发和教育影响。

4. 署名

署名是附在新闻稿最后的内容，须注明新闻稿的撰写者姓名。当前，很多高校的新闻稿在署名一栏都会区分文字撰写者和图片拍摄者。如果两者为同一人，则将撰写者和拍摄者的姓名合并在一起进行表述即可。

 案例3-10

某高校学前教育专业新闻稿的署名1

（文 图/林佳）

案例分析：上述新闻稿的署名，体现了该新闻稿的文字撰写者和图片拍摄者均为林佳一人，因此可合并在一起表述。

某高校学前教育专业新闻稿的署名2

（文/张磊 图/林雪）

案例分析：上述新闻稿的署名，体现了该新闻稿的文字撰写者为张磊，图片拍摄者为林雪，因此要分开表述。

5. 图片

一篇完整的新闻稿，通常还应附上会议、讲座、活动或比赛举办的现场图片，以增加新闻稿的真实性和趣味性。学前教育新闻稿图片的选取有以下三个要求。

第一，图片位置要求。图片既可以穿插在新闻稿的主体部分之中，也可以附在新闻稿的最后，撰写者可以根据新闻稿的具体内容决定。

第二，图片内容要求。在拍摄图片时，要注意将会议、讲座、活动或比赛的主讲人和参与者重点拍摄进去，拍摄的角度尽量要正，拍摄的图片要足够清晰。尤其是当拍摄主讲人时，要重点突出主讲人清晰的脸部五官和良好的精神面貌。此外，如果会议、讲座、活动或比赛的环节较多，每个环节的主讲人和重要参与者都发生了变化，那么在拍摄图片时应注意给每个环节的核心人物来一张特写的照片。

第三，图片数量要求。一般来说，一篇新闻稿的图片数量以2～5张为宜，可以拍摄1～2张主讲人的照片、1～2张参与者的照片、1张集体的合照，具体数量视会议讲座、活动或比赛的环节数量而定。

 小练笔3-1

某学前教育学院举办了一场专题学术讲座，邀请每个班级派学生代表参加。杨××同学作为7班代表，全程参与了这场讲座。他受老师委托，要为此次讲座写一份新闻稿，但是在写作过程中仍然存在诸多问题。请仔细阅读以下新闻稿的文本部分，帮助杨××同学进行改写。

××学前教育学院举行专题学术讲座

为了全面深入理解《幼儿园保育教育质量评估指南》的指标要求，我校学前教育学院特邀中国学前教育研究会学前教育评价专业委员会主任李达明教授开展以"《幼儿园保育教育质量评估指南》的内涵解读与内在逻辑"为主题的学术讲座。

李教授从四个方面进行了解读：一是《幼儿园保育教育质量评估指南》的背景与核心精神，二是幼儿园管理质量的内在逻辑，三是保育教育过程质量的内在逻辑，四是贯彻《幼儿园保育教育质量评估指南》的实践建议。

此次专题学术讲座无论是对学前教育专任教师、幼儿园一线教师还是学前教育专业师范生而言，都是一次很好的保教工作观念的更新和学习机会。

（二）新闻稿的内容要求

1. 聚焦专业，挖掘新闻稿的宣传价值和重要作用

撰写学前教育新闻稿时，首先要聚焦专业，选择专业内的重点会议、讲座、活动和比赛撰写新闻稿，进一步挖掘背后的宣传价值，凸显其对于学前教育专业师范生素质培养、技能提升、学院整体专业和课程建设的重要作用。

目前，高校举办的文体类活动和比赛较多，例如，歌唱比赛、篮球比赛等。以歌唱比赛为例，不少高校的报道往往停留在对现象的原始再现层面，其新闻稿中撰写的内容为"我校学前教育学院于2022年11月1日在大剧院举行院十佳歌手决赛，10名参赛选手经过角逐，最终由2021级学前3班的林文同学夺得了冠军"。至于为何要组织举办这场比赛，组织方面有何创新之处，活动的意义何在，这些问题均无法从中找到答案。写作者不能有效挖掘新闻事件背后的宣传价值和重要作用，必然导致新闻稿读起来"不解渴"。

> **核心观点 3-1**
>
> 要旗帜鲜明坚持正确的政治方向、舆论导向、价值取向，通过理念、内容、形式、方法、手段等创新，使正面宣传质量和水平有一个明显提高。
>
> ——习近平总书记在主持中共中央政治局第十二次集体学习时强调

2. 格式规范，内容要素齐全

学前教育新闻稿在格式上包含了标题、主体、结语、署名和图片五部分内容，在撰写时要注意格式的规范性和内容的完整性，将各要素撰写得完整、全面。

3. 合理表达，客观真实

学前教育新闻稿在表达时要注意运用朴实、简洁的语言，客观地呈现会议讲座、活动或比赛的主要过程，具体、准确地描述其背景、目的、时间、地点、人物、过程、结果、作用和影响等要素，体现客观性和真实性，便于读者能尽快获取相关的信息。目前，有些高校的新闻稿中，特别喜欢大量运用对偶、对仗、排比等，使新闻稿读起来"朗朗上口"，但其内容极为空洞，毫无内涵可言。这种"假大空"式的新闻稿，把新闻写得

像是在挂横幅、喊口号和表决心，完全违背了高校新闻贴近实际、贴近生活、贴近师生的基本原则，是在撰写时需要避免的。

　　新闻稿作为一种通信渠道，反映的是真实、及时、客观的特性。对于学前教育专业师范生、未来的幼儿教育工作者来说，掌握新闻稿的写作要求，尊重客观事实和新闻传播规律，坚持用正确的政治方向、舆论导向、价值取向撰写新闻稿的内容，不仅是在贯彻党和国家对新闻工作的要求，而且是在通过新闻文体的写作提升自己的政治站位与写作素养。

 案例优化

　　以下是某师范院校学前教育专业的一名同学针对院师范文化特色寝室汇报活动撰写的一篇新闻稿，有初稿、修改稿和终稿（范文），共计3份，向我们呈现了通过新闻稿写作的课程学习，她初步的写作思考、进一步的反思修改和最终不断完善的完整写作过程，并附上教师提供的审阅意见。

　　【初稿】

记师范文化特色寝室汇报活动

　　为营造积极向上的寝室文化氛围，建设富有师范生专业特色的寝室文化，在合作中彰显师范生综合素养，我们开展了第二届"师范文化寝室"创设月活动，在校报告厅进行优秀作品展示、师范文化特色寝室汇报及授牌。

　　寝室LOGO中的一笔一画都带着同学们对未来的憧憬和对寝室这个温暖之家的向往。寝室肖像是各寝室成员精心绘制出的寝室象征，一张张小小的画布，承载了同寝室室友在我们心中的形象，书写着我们生活的一撇一捺。在汇报环节，6间寝室的汇报人上台展示了寝室风采。我的宿舍我的家，温馨和谐靠大家，学院领导为11间特色寝室颁发了"师范文化特色寝室"的门牌。

　　学院党总支书记在此次展示活动的发言中，首先对此次活动表示了肯定，他提到同学们栩栩如生的作品及生动活泼的讲述给他留下了深刻的印象。同时，他也对同学们提出了几点希望。第一，希望获奖的寝室能发挥辐射作用，从寝室辐射到班级，从班级辐射到学院；第二，希望打造和谐的集体，使每个人都能得到一个稳定的心理支持，做到同学之间相互督促，共同进步；第三，希望同学们要理到、行到、功夫到，不断自我修炼，提升自身师范文化涵养。

　　审阅意见：

　　（1）整篇新闻稿缺乏结语、署名和图片。

　　（2）新闻稿的标题缺乏主体，此活动是由谁举办的应该在标题中说明。

　　（3）第一段是新闻稿主体部分的首要段落，通常要写明活动举办的时间、地点、主要参与人物，并简要概括其背景和目的。该段落仅写明了活动举办的背景、地点，缺乏参与对象和具体时间。应表述清楚此活动是由谁举办的，以及具体的举办时间。

（4）第二段属于新闻稿主体部分的中间段落，需要写明活动举办的主要过程，概括出主要内容和主要参与对象的语言及行为。但是，初稿中仅讲明了寝室LOGO的大致设计内容与活动过程中汇报环节的结果，未讲明整个活动举办的经过以及参与活动学生的具体行为。

（5）第三段属于新闻稿主体部分的靠后段落，需要写明活动的具体结果。但是，初稿中仅讲明了学院领导对活动的肯定以及对学生的希望，缺乏对活动具体结果的阐述。

【修改稿】

学前教育学院开展师范文化特色寝室汇报活动

为营造积极向上的寝室文化氛围，建设富有师范生专业特色的寝室文化，在合作中彰显师范生综合素养，学前教育学院开展了第二届"师范文化寝室"创设月活动，并于2022年6月7日在校报告厅进行优秀作品展示、师范文化特色寝室汇报及授牌活动。学院党总支书记、院长、部分教师、活动汇报者及各班学生代表参与了此次活动。

寝室LOGO中的一笔一画都带着同学们对未来的憧憬和对寝室这个温暖之家的向往。寝室肖像是各寝室成员精心绘制出的寝室象征，一张张小小的画布，承载了同寝室室友在我们心中的形象，书写着我们生活的一撇一捺。在起初的书面申报阶段，同学们积极提交各类寝室申请，比如，"才艺达人特色寝室""学风优良特色寝室""创新创造特色寝室""志愿服务特色寝室""阅读书香特色寝室""生态环保特色寝室"。在汇报环节，6间寝室的汇报人上台展示了寝室风采。

学院党总支书记在此次展示活动的发言中，首先对此次活动表示了肯定，他提到同学们栩栩如生的作品及生动活泼的讲述给他留下了深刻的印象。同时，他也对同学们提出了几点希望。第一，希望获奖的寝室能发挥辐射作用，从寝室辐射到班级，从班级辐射到学院；第二，希望打造和谐的集体，使每个人都能得到一个稳定的心理支持，做到同学之间相互督促，共同进步；第三，希望同学们要理到、行到、功夫到，不断自我修炼，提升自身师范文化涵养。我的宿舍我的家，温馨和谐靠大家，最终共有11间寝室获得"师范文化特色寝室"的荣誉称号，学院领导为11间特色寝室颁发了"师范文化特色寝室"的门牌。

树木在森林中相依偎而生长，星辰在银河中因辉映而璀璨。此次"师范文化寝室"创设月活动不仅是一次展示、一次历练，更是寝室共筑和谐气氛的机会。多彩的作品和特色寝室的产生，既能增强各寝室室友间的凝聚力、创造力，也展现了我院学前教育专业师范生的综合素养。相信未来的幼儿教师定会将这份热忱记于心底，携手并行，朝着未来的梦想持续奋斗，展示特属于我校的新教育力量！（文/任××）

审阅意见：

（1）新闻稿的题目加上了主体，较为完整。

（2）第一段，即新闻稿主体部分的首要段落，讲明了活动是由谁举办的，活动的参与对象，还加上了具体时间，整体更加规范了。

（3）第二段，即新闻稿主体部分的中间段落，补充了活动起初书面申报阶段的内容，但是缺乏活动中学生的具体表现和行为，以及活动汇报环节的具体经过。

（4）第三段，即新闻稿主体部分的靠后段落，既写明了学院领导对活动的肯定以及对学生的希望，也有对活动具体结果的阐述，较为完整、具体。

（5）补充了新闻稿的结语，写明了活动的作用和影响，呈现了其对学前教育专业师范生的重要意义，整体结构更加完整。

（6）补充了新闻稿的署名，但是依旧缺乏图片。

【终稿】

学前教育学院开展师范文化特色寝室汇报活动

为营造积极向上的寝室文化氛围，建设富有师范生专业特色的寝室文化，在合作中彰显师范生综合素养，学前教育学院开展了第二届"师范文化寝室"创设月活动，并于2022年6月7日在校报告厅进行优秀作品展示、师范文化特色寝室汇报及授牌活动。学院党总支书记、院长、部分教师、活动汇报者及各班学生代表参与了此次活动。

寝室LOGO中的一笔一画都带着同学们对未来的憧憬和对寝室这个温暖之家的向往。寝室肖像是各寝室成员精心绘制出的寝室象征，一张张小小的画布，承载了同寝室室友在我们心中的形象，书写着我们生活的一撇一捺。获奖寝室代表穿着精致的汉服，手举各自寝室的作品，展示了她们可爱的自画像。

在起初的书面申报阶段，同学们积极提交各类寝室申请，比如，"才艺达人特色寝室""学风优良特色寝室""创新创造特色寝室""志愿服务特色寝室""阅读书香特色寝室""生态环保特色寝室"。在汇报环节，6间寝室的汇报人上台展示了寝室风采。在一张张汇报页面的闪现中，在一个个精彩生动的视频里，全场观众都看到各个寝室小集体在大二这一学年里取得的不俗成绩。通过宿舍成员的集体协作，汇报展示中每个寝室各具特色，各有亮点。

学院党总支书记在此次展示活动的发言中，首先对此次活动表示了肯定，他提到同学们栩栩如生的作品及生动活泼的讲述给他留下了深刻的印象。同时，他也对同学们提出了几点希望。第一，希望获奖的寝室能发挥辐射作用，从寝室辐射到班级，从班级辐射到学院；第二，希望打造和谐的集体，使每个人都能得到一个稳定的心理支持，做到同学之间相互督促，共同进步；第三，希望同学们要理到、行到、功夫到，不断自我修炼，提升自身师范文化涵养。我的宿舍我的家，温馨和谐靠大家，最终共有11间寝室获得"师范文化特色寝室"的荣誉称号，学院领导为11间特色寝室颁发了"师范文化特色寝室"的门牌。

树木在森林中相依偎而生长，星辰在银河中因辉映而璀璨。此次"师范文化寝室"创设月活动不仅是一次展示、一次历练，更是寝室共筑和谐气氛的机会。多彩的作品和特色寝室的产生，既能增强各寝室室友间的凝聚力、创造力，也展现了我院学前教育专业师范生的综合素养。相信未来的幼儿教师定会将这份热忱记于心底，携手并行，朝着未来的梦想持续奋斗，展示特属于我校的新教育力量！（图 文/任××）

拓展资源：范例推荐

传承文明，品味端午
——长江幼儿园中三班举办庆端午活动

端午节是我国的传统节日，赛龙舟、吃粽子、佩香囊、采艾蒿等都是中华民族历史长河中传统文化的积淀。为了让幼儿了解端午节的习俗，弘扬中华优秀文化，2022年6月2日，滨海区长江幼儿园中三班举办了以"庆端午"为主题的活动。

首先，幼儿通过讲述主题故事了解了端午节的风俗，特别是听到关于屈原投江的内容时，他们都不约而同地发出惊叹声，感叹于屈原高洁的爱国情怀。随后，幼儿一起制作了小粽人划龙舟，他们拿起笔为龙舟画上精致的花纹，再将小粽人和吸管、纸杯连接在一起，小粽人瞬间就动了起来，活灵活现，真神奇！当然，端午节必不可少的就是赛龙舟，幼儿自由组成竞赛小组，坐在垫子上蓄势待发。随着一声令下，幼儿在整齐划一的动作配合下齐心协力往前划行，向终点冲去。

通过本次活动，幼儿在亲身体验、实际操作中享受了活动的乐趣，同时，也切身体会了优秀传统文化的魅力，升华了情感体验，将中华优秀传统文化扎根于幼小的心灵中。（文/李××）

拓展资源：幼儿园微信公众号推文

现今，我国正处于信息技术高速发展阶段，微信公众号成为各行各业被普遍应用的网络交互平台。近年来，越来越多的幼儿园并不拘泥于传统的家园沟通形式，还选择使用微信公众号进行家园互动与交流，幼儿园微信公众号的开发与应用也符合当前信息社会发展趋势。

对于学前教育专业的学生而言，在校期间掌握的新闻稿写作技能能为未来从事学前教育相关工作奠定扎实的写作基础，使他们在毕业走上幼儿教师工作岗位后，可以适应当前信息社会发展趋势，尽快掌握幼儿园微信公众号推文的撰写技巧。以下两篇幼儿园微信公众号推文，供学生学习和参考。

和乐童年，筑梦蓝湾
——滨海幼儿园六一文艺汇演暨大班毕业典礼活动

六月，
是童年的摇篮，
是童年的梦乡；
是童年的沃土，
是童年的太阳。

伴着花的芳香，踏着歌的节拍，我们迎来了六月的快乐时光。

为了让幼儿度过一个充实、多彩、快乐的节日，6月1日我园举行了"和乐童年，筑梦蓝湾"六一文艺汇演暨大班毕业典礼活动。

01汇演准备

活动前，结合幼儿的想法，幼儿园整体呈现了浓厚的节日氛围，特别是大班段的幼儿以主题长廊的形式展示了毕业的那些事儿。教师和家长追随着幼儿的脚步，共同沉浸于欢乐的节日氛围中。

主题长廊

02 文艺汇演现场

伴随着动感的轮滑表演与小"奥特曼"们的《奇迹再现》，我们的六一文艺汇演正式拉开了序幕，四位主持人带着帅气与甜美和大家展开了互动。

轮滑表演

《奇迹再现》

幼儿是家长的希望，是祖国的花朵，是世界未来的主人，每个幼儿的成长都离不开家长、教师和社会的共同努力与大力支持。本次活动也有幸邀请到了对我园教育事业关心与支持的各位领导，他们为孩子们送上了礼物和节日的祝福，祝孩子们节日快乐、健康成长，勉励他们树立远大理想，将来成为建设滨海、建设祖国的优秀人才。

03 精彩节目

第一篇章：和融

欢聚一堂，寻找温暖的港湾

从前有座山，山里有座庙……

1. 走秀《最炫民族风》　中班段

2. 舞蹈《从前有座山》　小一班

第二篇章：和顺

同频共振，我与滨幼共成长

2. 舞蹈《熊猫宝贝》　小二班

1. 舞蹈《一路生花》　教师

第三篇章：和美

儿童友好，让滨海更加美好

1. 舞蹈《同一个地球》　中班段

2. 歌表演《送别》大班段　　　　　3. 园歌《我们在一起》全体大合唱

生活明朗，万物可爱，

最能让这个世界灿烂的不是阳光，

而是孩子们的一颦一笑。

亲爱的小朋友们，

在这个专属于你们的节日里，

希望你们永远心里有爱、眼里有光，

做自己的小太阳！

祝宝贝们六一儿童节快乐！

（宁波市鄞州区滨海幼儿园　任郁波）

📖 拓展阅读

● 王冬雪.幼儿园微信公众号的开发与应用研究 [D].哈尔滨：哈尔滨师范大学，2020.

● 林国凯.幼儿园微信公众号创建与优化策略 [J].科技视界，2021，361（31）：189-190.

● 徐宁，何晶迪.学前教育专业大学生资源共享的微信平台运营：以 E 公众号为个案研究 [J].才智，2019（10）：25.

● 王毅荣，陈建新，刘富强，等.学前儿童绘本阅读途径拓展与新媒体发展趋势的碰撞：以微信公众号媒介为例 [J].电脑知识与技术，2017，13（22）：49-51.

●《中国教育报（学前教育版）》（报刊）

● 浙江省学前教育研究会（微信公众号）

职后实践篇

有爱才有责任。好老师应该懂得，选择当老师就选择了责任，就要尽到教书育人、立德树人的责任，并把这种责任体现到平凡、普通、细微的教学管理之中。

——习近平同北京师范大学师生代表座谈时的讲话

（2014年9月9日）

第四章　幼儿园活动策划方案的写作

 学习目标

1. 了解幼儿园活动策划方案的基本概念与特点。
2. 掌握撰写幼儿园活动策划方案的结构与写作步骤。
3. 能根据不同的活动类型撰写相应的活动策划方案。

 思维导图

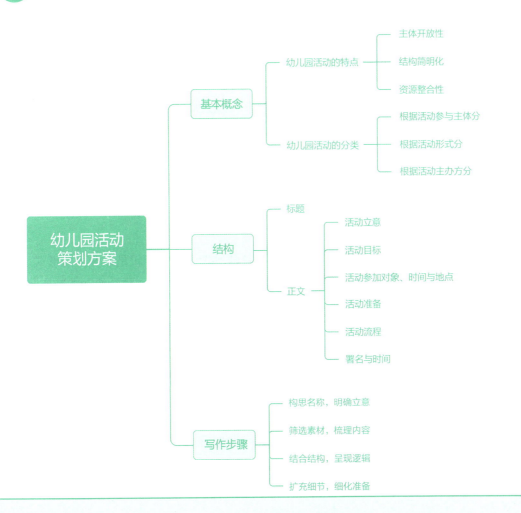

项目任务

　　根据以下材料，为某幼儿园大一班草拟一份家长会活动方案。注意活动目标要有针对性，活动环节要清晰。

　　××幼儿园大一班共有幼儿30人。经过两年的集体生活，大部分幼儿的生活自理能力、社会交往能力、自主解决问题的能力都有了较大发展。但是，班级中还是存在一些现象，如：个人物品总是丢失、书包柜杂乱；缺乏任务意识，教师口头交代的任务难以及时完成；不会计划，做事情总是虎头蛇尾等。幼儿园大班是进入幼小衔接的关键一学年，如何引导幼儿在身心准备、生活准备、社会准备、学习准备四个方面全面发展是本次家长会的重点议题。

　　班级的家长都比较支持理解教师的工作，就是每当教师在群里发起班级事务的讨论时，发言的家长屈指可数。希望通过本次家长会激发家长参与班级事务的热情，增强班级家长的凝聚力。

　　《幼儿园教师专业标准》的基本理念为"幼儿为本、师德为先、能力为重和终身学习"。在专业知识方面，要求幼儿教师具备幼儿发展知识、幼儿保育和教育知识、通识性知识；在专业能力方面，要求幼儿教师具备环境的创设与利用能力、一日生活的组织与保育能力、游戏活动的支持与引导能力、教育活动的计划与实施能力等。从以上内容可以发现，幼儿教师是综合性人才，在幼儿园的工作中不管是一日生活还是个别教学活动的组织都需要具备一定的计划与实施能力，这也与活动策划水平密切相关。

　　一份条理清晰的活动策划方案可以帮助组织方把握准备的要点，帮助工作人员明确自己的分工，帮助参与者了解活动流程等，可以说，越是详尽的活动策划方案越可以保证活动有条不紊地开展。幼儿园活动策划方案也是如此，可以让前期准备更有针对性，活动内容更有意义，实施过程中人员分工更加合理，活动效果更加彰显。

一、幼儿园活动策划方案的基本概念

　　对于幼儿园来说，活动策划非常普遍，教师教学活动设计就是最典型的形式之一。教师通过说明本次教学活动的意图、预设教学活动的目标、厘清教学活动的准备及呈现教学活动的过程基本完成了一次教学活动的策划。只是相对来说，教学活动的群体是固定的，只面向幼儿，目标则是为了促进幼儿的全面协调发展，因此教学活动相较于社会面的活动形式较为单一，教学活动策划方案中的环节与流程相对稳定。本节内容所说的活动策划剔除了常规的教学活动，以节日庆祝活动、比赛活动、社会实践活动等为主，活动规模可以是班级、年级段或是全园的，参与人员除幼儿外还有教师、家长、社区人员等。

　　简而言之，活动策划方案是通过书面方式描述活动，客观地阐述活动的内容和执行方式，使阅读活动策划方案的人能掌握具体信息的书面文本。活动策划方案是幼儿园筹划某项工作或活动拟定的富有创意的书面设计文书。有了策划既可以让活动变得更加可控，人员分工更加明确，也可以提前把控时间、地点、资金等因素，让活动组织更加高效。

（一）幼儿园活动的特点

1. 主体开放性

幼儿园活动的参与者以幼儿与家长为主，个别活动面向社区，活动对象具有局限性，因此在制订活动策划方案的时候可以充分考虑参与者的需求，甚至邀请参与者加入方案的制订中来。在当下幼儿主体的儿童观影响下，许多幼儿园的活动会让幼儿自主策划，教师、家长根据需要辅以适宜的帮助。

2. 结构简明化

幼儿园活动策划方案有别于社会化、营利性的活动策划方案，由于活动规模有限，且为幼儿发展服务，具有公益性，因此活动策划方案较简洁明了，只涵盖基本元素，说明活动的设计意图、目标、参加对象、时间、地点、准备及流程即可。

3. 资源整合性

幼儿园活动开展前，要对活动资源进行盘点，不管是幼儿园的大型活动还是班级活动，都要充分利用教师、家长、社区的资源，并进行有效整合。例如，在幼儿园六一表演活动的策划中，要对幼儿园已有的演出服装、道具进行盘点分类，对教职工、家长当天的任务进行统筹安排，整合人力资源。另外，涉及预算还应在方案中将明细罗列清楚。

（二）幼儿园活动的基本类型

在撰写幼儿园活动策划方案之前，首先要把握幼儿园活动的不同类型，具体分类如图4-1所示。

（1）根据活动参与主体的不同，可以将幼儿园活动分为面向幼儿、面向家长、面向教师或是面向多元主体的活动；

（2）根据活动形式的不同，可以将幼儿园活动分为节日庆祝活动、家园联系活动、外出活动等；

（3）根据活动主办方的不同，可以将幼儿园活动分为园级大活动、年级活动和班级活动。

不同的活动有不同的特点，活动规模不同，影响力也不同。因此，在撰写活动策划方案时要根据不同的活动参与主体、活动形式、活动主办方制定适宜的目标与环节。

小练笔4-1

小李是刚从事幼儿教育工作的新手教师。一年一度的三八国际劳动妇女节即将来临，为了帮助小班的幼儿感知妇女节的特点，鼓励其表达对妈妈、奶奶、教师等亲近之人的爱，结合主题教学活动，她想设计一份庆祝妇女节的班级活动方案。

请根据已学的幼儿园活动分类，帮其判断，此次活动属于哪类。

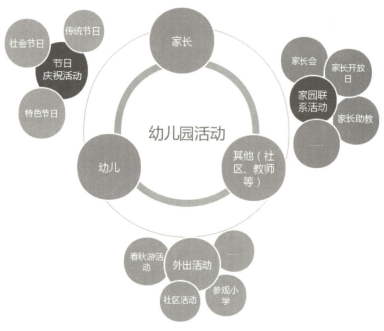

图4-1 幼儿园活动分类

二、幼儿园活动策划书的结构

在撰写比较复杂的长文章时，可以先根据草稿整理框架，再对每个部分进行补充细化，活动策划方案也可以用这样的方式，会让思路更加明晰。

（一）标题

标题一般由策划项目名称和文种名称组成，如"×××幼儿园六一活动策划方案"，当以此为标题时，建议将活动主题在正文中进行补充，方便参与者第一时间了解本次活动的主要形式。为了彰显活动的立意，也经常会把活动的主题词作为标题，把上述部分作为副标题进行呈现。标题一般都置于页面首行中央，字号会大于正文的字号。

 案例4-1

蔚蓝心向往，运动悦童年
——×××幼儿园第五届冬季海洋运动会策划方案

一、指导思想

坚持党的教育方针，以《幼儿园教育指导纲要（试行）》《3~6岁儿童学习与发展指南》为指导，以增强体质，提高全园师生的体育意识和参与意识为宗旨，通过运动会引导幼儿主动参与，重视幼儿身心健康，展示幼儿的风采，促进幼儿健康快乐地成长。

案例分析：在案例4-1中，撰写者首先明确是为了策划运动会而撰写的活动方案，且运动会已经确定了基本的主题为"海洋"，为了同时彰显海洋的元素及运动会对幼儿成长发展的意义，因此拟定了"蔚蓝心向往，运动悦童年"的主标题，达到吸引眼球的目的。其次为了让大家明确本次活动的基本内容，又将项目名称与文种名称作为副标题置于主标题下方进行说明。但在撰写活动策划方案时，往往一时之间难以想到一个既凸显主题又朗朗上口的标题，因此也可以暂时以副标题命名，简单说明是什么活动的策划方案，等方案完成后再进行提炼，或许能迸发别样的创意火花。

 小练笔4-2

某幼儿园要拟一个以森林为主题的六一汇演活动标题，请从下面选项中选出你认为最适宜的标题，并说明理由。

"快乐童年，畅玩六一"

"童梦森林，游戏畅享——×××幼儿园六一游园活动"

"森林大剧场，动物狂欢节——×××幼儿园六一汇演活动"

（二）正文

1.活动立意

这部分内容没有固定的写法，在呈现活动立意的时候可以分析本次活动是在怎样的背景下开展或是活动的设计意图是什么，即为什么要开展本次活动，以及活动的指导思想是什么。若阐述活动思想，则可以结合学前教育的相关政策文件，如《幼儿园教育指导纲要（试行）》《3～6岁儿童学习与发展指南》等，重点说明是以怎样的教育观点、教育理论、教育政策为依据的。在拟写这部分标题时，可采用"活动背景、设计意图、指导思想"等词汇。

如案例4-1中的指导思想就是以相关文件精神为引领，以促进幼儿身心协调发展为核心。而在案例4-2中，活动内容是秋游，活动主题是环保徒步走，因此在设计意图的说明中既要描述为什么要开展徒步远行的活动，也要描述选择环保这个主题的动机是什么。在初稿的文案中可以发现，标题部分仅仅说明是秋游活动方案，阅读者还不明确活动的主题；设计意图部分只说明了秋游的背景与意义，未阐述以徒步走的形式开展秋游活动的原因。在优化了之后的修改稿中，活动方案的主题更加清晰，同时，设计意图更加全面，既阐述了秋游的意义也说明了低碳环保活动对幼儿发展的价值。

 案例4-2

×××幼儿园秋游活动方案（初稿）

一、设计意图

正值风和日丽的秋天，为了让幼儿能亲密接触大自然，欣赏户外美景，拓宽视野，亲身感受大自然的美丽，特开展本次徒步活动。

徒步远足强身心，低碳环保亲自然（修改稿）
——×××幼儿园秋游活动方案

一、设计意图

秋风渐起，树叶飘落，秋天是个浪漫的季节。组织秋游活动可以让幼儿亲密接触大自然，欣赏户外美景，拓宽视野，在亲身体验中感受大自然的美丽。为了进一步增强幼儿体质、磨炼幼儿意志，增进幼儿之间的交流，同时，传播低碳环保和健康出行的理念，特开展本次徒步远足活动。

2. 活动目标

在撰写活动策划方案时，一定要思考并明确本次活动的目标，即想清楚这次活动要达成什么目的。目标定位一方面要结合幼儿园或班级的实际，既不能定得太高，也不能定得太低；另一方面要引领所有内容，也就是说，目标要和其后活动过程的所有环节相关联。在日常实践中，教师很容易忽视这一点，经常出现目标表述含混不清、缺乏条理、过于笼统宽泛等问题，以致活动内容背离初衷，达不到预先设想的效果。

 案例4-3

×××幼儿园小班家长会

活动目标：

（1）创设温馨宽松的环境，引导家长积极参与班级会议。

（2）引领家长通过参与会议，不断更新育儿理念，携手促进幼儿的身心健康发展，搭建合作的桥梁。

案例分析：上述活动目标过于宽泛，几乎适合所有班级的家长会，很难把握本次家长会的核心意图。在阐述活动目标时，教师应着眼于具体的行为目标，例如，"引导家长……通过……帮助……"。其中，行为动词应该清晰地描述家长的行为，并且能预期家长通过多种途径形成可观察的、可测量的具体行为或态度。

可将活动目标修改如下：

（1）通过本次班级家长会，引导家长进一步了解本学期的目标、活动安排；

（2）介绍幼儿课程及一日生活环节，使家长达成共识，积极配合实施家庭教育；

（3）引导家长积极互动，畅所欲言，分享、领悟教育经验。

 小练笔4-3

请尝试以"森林狂欢"为主题，为幼儿园六一汇演活动拟定活动目标，要求凸显幼儿在活动中能力、情感、态度的发展。

3. 活动参加对象、时间与地点

这部分内容只要说明本次活动的参加对象是谁，以及活动举办的具体时间与地点即可。一般分点说明，格式可参考表4-1，这里因为内容较简单故合并阐述。例如，参加对象可以是全体幼儿、全园师生或是大班段幼儿与家长等，依据活动面向的主体而定。这里需要注意的是，若活动时间跨度较大或活动项目较多，地点需要更换，则可以用表格的形式进行说明，方便阅读者第一时间获取活动相关信息。

表4-1　×××幼儿园运动会时间安排

时间	内容	场地
12月3日上午 9：00—10：30	运动会开幕式、小班段运动项目	内操场
12月4日上午 9：00—10：30	大班段运动项目	外操场
	中班段运动项目	内操场
	运动会闭幕式	

4. 活动准备

任何活动在实施前的准备应尽可能地考虑周全，包括人员的组织安排、场地的布置、物料的采购及经费预算等。

在人员的组织安排方面，为了让参加对象特别是活动工作人员一目了然地获取信息，也可以用表格的形式进行呈现。如表4-2所示，可清晰地呈现每个人在本次活动组织中需要完成的任务，如负责音控的教师需要提前准备好活动的音乐素材及时播放。

表4-2　×××幼儿园活动准备安排

任务	要求	主要负责人	备注
音控	在活动开始前播放音乐，渲染氛围	××	提前下载好相关音乐素材
……			

在场地的布置方面，若有特定的要求则可用图示方式描述场地布置，如图4-2所示，直观形象地呈现座位、设施及物品摆放的方式。

物料的采购和经费预算可以放在一张表格中，这里可以利用Excel进行编辑（如图4-3所示），由此快速计算出可能要花费的金额。图4-3的表格中列出了大班段运动项目需要采购的材料及经费，在策划幼儿园大活动时可以采用类似的表格，方便进行统计。

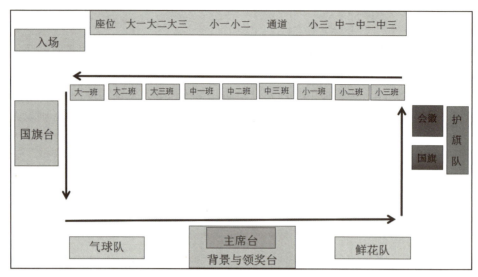

图4-2　×××幼儿园运动会场地布置

大班段费用预算表

活动材料数量合计	5		预算金额		583.92	
序号	材料名称	单位	单价	数量	金额	用途、说明
1	靶	个	52.80	4	211.20	运动会（飞鱼冲冲冲道具）
2	渔网	张	29.72	1	29.72	运动会（解救海洋动物道具）
3	玩偶	组	19.80	3	59.40	运动会（解救海洋动物道具）
4	潜水镜	副	9.76	10	97.60	运动会（海洋保卫者以及大三班出场道具）
5	迷彩服	件	31.00	6	186.00	大三班出场服装

图4-3　×××幼儿园运动会大班段费用预算表（局部）

在幼儿园活动策划中，若活动还要邀请家长参与，则可以提前准备邀请函。通知或邀请的拟定要清晰、温馨、体贴，让家长一看就明确活动名称、活动主题、活动时间、活动地点、注意事项（温馨提示、回执）等方面的内容。邀请函的形式多样，既可以组织幼儿进行自主设计（如图4-4所示），也可以利用现代化的信息技术手段，制作图文并茂的电子邀请函或视频邀请函。

视频：家长会
邀请函

图4-4　幼儿制作的家长会邀请函

5. 活动流程

活动流程是整个活动策划方案的核心，只有清楚说明每个环节的参与人员、具体内容安排及注意事项，才能让活动有条不紊地开展。在案例4-4中，以序号标注了运动会的主要环节的顺序，并且辅以具体的时长，帮助大家掌控活动的进程。同时，每个环节说明了主要的参加对象及注意事项，让参与者充分明确自己的主要任务，通过各方合作实现活动的成功举办。

 案例4-4

×××幼儿园运动会开幕式流程

1. 各方阵入场（12分钟）

国旗—护旗队—会徽—气球队—鲜花队，要求16～20人一个方阵，负责教师准备好相关道具。

2. 运动员进场（30分钟）

各班按照班级顺序进场，要求根据幼儿兴趣需要设计具有特色的入场方式、口号，展示班级风采，在主席台前表演时间40～60秒钟。

3. 升旗仪式（10分钟）

升旗手与护旗手着装统一，精神面貌积极向上，熟练操作升旗摇杆。

4. 传递火炬（3分钟）

各班代表进行接力，由最后一名幼儿与园长共同放至火炬台。

5. 各代表发言（8分钟）

幼儿（运动员代表）发言，家长代表发言，园长发言（宣布开始，并放礼炮）。

6. 各班有序退场、就座

7. 各段器械操展示（20分钟）

展示顺序为中班—小班—大班；要求各班根据班级情况在器械、个别操节的队形进行优化。

6. 署名与时间

在活动策划书末尾注明活动策划单位或个人名称，以及策划书编制完成的日期。一般分列两行，位于全文右下角，上行为署名，下行为日期。以幼儿园为举办方的活动写明幼儿园的全称，年级组活动写明具体年级组，班级活动写明具体班级。

 小练笔4-4

请根据以上所学，分析下面活动策划方案的不当之处并提出修改意见。通过修改，方案应更符合逻辑，其格式应更美观，带班教师应更加明确自己的任务。

小二班"三八节日贺卡"活动方案

在三八国际劳动妇女节到来之际，我们小二班的幼儿用不同的表达方式为妈妈、奶奶、姥姥献上一份最诚挚的爱，送上最特别的节日祝福。

● 活动时间：××××年3月8日

● 活动地点：小二班

● 参与活动人员：小二班全体幼儿

● 活动内容及流程：

一、活动目标

1. 知道3月8日是妇女节，是妈妈的节日。

2. 能自己动手制作礼物送给妈妈，提高动手能力。

3. 会尊敬、关心妈妈，向妈妈表达自己的爱。

二、活动准备

日历、剪刀、胶水、手工纸

三、活动过程

（一）介绍三八妇女节

1. 教师出示日历，询问今天是几月几日？（××××年3月7日）明天呢？（3月8日）

2. 教师：那你们知道3月8日是个什么日子吗？（幼儿回答）

3. 教师向幼儿介绍：3月8日是妇女节，妇女节又称"国际劳动妇女节"。

4. 教师提问：妇女节是谁的节日，哪些人可以过妇女节？（幼儿思考后回答）

5. 教师小结：哪些人被称作"妇女"，第一要是女的，第二要是成年人，满足这两个条件的人就被称为"妇女"。3月8日是妇女节，是老师、阿姨、奶奶、外婆的节日，也是妈妈的节日。

6. 妈妈爱我们，我们应该怎样爱妈妈呢？（给妈妈捶背、给妈妈拿拖鞋），对幼儿爱妈妈的行为设想给予肯定。

7. 当幼儿说到要送妈妈礼物时，可引导幼儿讨论：送什么样的礼物最合适？

（二）手工活动制作卡片

1. 欣赏贺卡，引出主题——爱心卡。

2. 观察爱心卡，了解它的制作过程。

3. 引导幼儿观察桌面材料，在桌子上分别放了操作材料，让幼儿进行爱心卡制作活动，并简单装饰。

4. 帮助幼儿写上名字。

（三）送爱心卡

1. 讨论：除了送爱心卡给妈妈外，我们以后还可以为妈妈、奶奶做些什么？

2. 交代幼儿送爱心卡的要求及提醒幼儿要对妈妈说一句"妈妈我爱你"。

3. 拍照留念。

四、活动结束

结束语：今天小朋友学会了做爱心卡，也了解了什么是三八妇女节，高兴不高兴啊？回家把自己做的爱心卡送给妈妈好不好？

三、幼儿园活动策划方案的写作步骤

在撰写活动策划方案前，可以先检验是否已经准备好以下问题，用5W2H分析法进行自我检验，也叫作"七问分析法"，如图4-5所示。

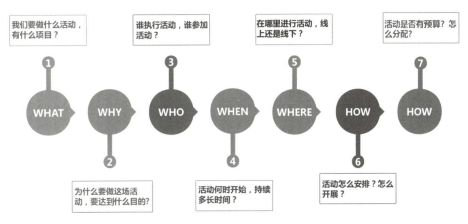

图4-5　活动策划七问分析法流程

当策划者能清晰地回答以上七个问题时，说明对于这场活动的策划已经有了足够的准备；反之，若对个别问题无法回答，则需要回顾准备阶段的各项工作，寻找疏漏的原因和处理方法。如何让一个活动从构思到形成策划方案，可采取以下几个步骤，当然每个人的思维方式不同，不一定每次活动都要严格按照这样的程序。

（一）构思名称，明确立意

一场活动好比一个完整的人，而活动名称就是他的名字，活动立意好比他的性格。活动的名称和立意一般是从活动需求中提炼出来的。不同的活动有不同的特点，因此在拟定活动名称与活动立意时，要充分考虑组织本次活动是基于怎样的需求。活动名称的提炼在上述基本组成部分已进行阐述，活动立意的描述通常可以采用三因素分析法，即"主题背景分析+活动形式分析+作用（目的）"进行分析。

在设计节日活动的名称与立意时，要考虑该节日背后的内涵及与幼儿经验发展的联系。例如，在案例4-5中，幼儿园要开展腊八节的活动，首先要思考腊八节的由来；其次要思考为什么开展本次活动，对幼儿有怎样的发展意义。这里采用了三因素中的两个因素：主题背景分析和目的分析。

案例4-5

甜甜腊八，浓浓温暖
——×××幼儿园腊八节活动

腊月初八是我国传统节日"腊八节"。在古代，腊八节是用来祭祀祖先和神灵，祈求丰收和吉祥的节日。从这一天开始，人们以喜悦的心情迎接新年的到来。为了让幼儿感受腊八节的风俗习惯及节日的快乐，丰富幼儿园的传统节日课程，×××幼儿园特开展本次活动。

在家园联系活动中，幼儿园经常以家长会、家长开放日及家长助教的形式开展。在这里要明确，家长联系活动面向的群体以家长为主，因此在思考活动立意时应该指向家长育儿水平的提升、家园合作的深化等方向，但最终的目的还是以家园合力促进幼儿的发展。案例4-6清楚地分析了三因素分析法中的三个因素。

 案例4-6

"云"端相约，"童"样精彩
——线上家长半日开放活动

家园共育是幼儿园工作的重点，幼儿成长过程中的点点滴滴都牵动着家长的心。（分析了家园共育的重要性）疫情当下，"云"分享成为家园之间传递情感、交流互动的"新媒介"。（分析了采用云分享形式的原因）为了让家长"走进"幼儿园，更直观地了解幼儿在园学习、生活情况，感受幼儿的成长和进步，促进家园沟通，一同见证幼儿的成长，特开展本次活动。（分析了线上家长半日开放活动的目的）

外出活动相对于上述活动而言，重点在于形式的变化，走出幼儿园可以让幼儿获得更丰富的实践型经验。因此，不管是秋游活动、进社区活动还是参观小学活动，都要把设计意图的重点放在活动形式上，相较于幼儿园内常规的活动，外出活动赋予幼儿怎样的经验发展。

 案例4-7

参观小学活动策划方案中的设计意图部分

大班幼儿即将面临毕业，离开幼儿园，迈进小学的大门。对幼儿来说，小学是一个陌生而又富有诱惑力的地方，无论是课程的设置，还是环境及作息时间等各方面都与幼儿园有着很大的不同。为了让家长和幼儿解除忧虑，实现从幼儿园教育到小学教育的顺利过渡，我们开展了参观小学活动，让幼儿熟悉小学环境，做好入学的准备。

案例分析：上述活动策划方案中的设计意图部分说明了小学与幼儿园有较大的不同，因此需要走出幼儿园，走进小学，帮助幼儿真实体验小学的环境。

 小练笔4-5

请尝试用三因素分析法为幼儿园"森林狂欢"主题的六一汇演活动分析设计意图，包括六一活动的主题背景分析、活动形式分析及对幼儿发展的作用分析。

（二）筛选素材，梳理内容

在进行头脑风暴之后，我们会得到大量的想法，这些想法都会成为创作活动策划方案的素材。这时不必着急动笔，因为大量的想法会导致在撰写方案时对具体环节等拿捏不定、左右摇摆。可以先进行素材筛选，根据已有经验或调研等方式做好减法。在活动策划中，筛选素材并不是要将所有的选项都减少到一个，而是要将不合理的先剔除，如果选项是唯一的且不合理的，那么可能还需要修改。在完成筛选后，如果仍有多个选项，可以将它们作为备选方案。

在一次关于六一活动的主题策划中，某幼儿园通过气泡式思维导图（如图4-6所示）罗列了可参考的活动形式与主题，但是在筛选中发现由于疫情影响家长不能入园，活动可能要采取线上直播的形式，因此排除了游园游戏与亲子游戏。而具体采用什么主题还需要进一步了解幼儿的兴趣点，在综合考虑幼儿、教师、家长的需求后再确立活动框架。

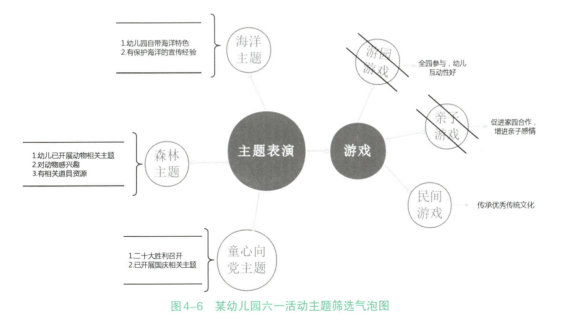

图4-6 某幼儿园六一活动主题筛选气泡图

（三）结合结构，呈现逻辑

在确立了活动框架后，接下来要根据预定的呈现方式重新梳理逻辑。若要策划一场六一汇演活动，大致要完成节目审核、道具服装等采购、舞台设计方案沟通、邀请函和节目单制作……那么，如何清晰地对这些环节做出安排呢？具体可参考图4-7。每个活动的环节都以目标为导向，沿着每根鱼刺都是完成目标的过程，当突破每个小目标之后，就能成功执行活动，且时间轴可以使我们直观地了解每项准备工作的先后顺序，帮助我们合理安排工作。

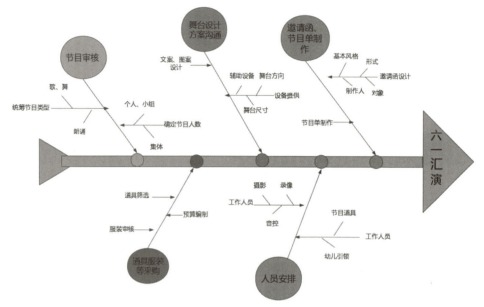

图4-7　某幼儿园六一活动环节安排鱼骨图

（四）扩充细节，细化准备

在得到了基本的活动框架后，就可以扩充细节，完成整个活动方案了。这时还可以再回顾一下核心部分，即活动立意、目标、时间、地点等信息，是否需要再调整。接下来针对方案的每个组成部分进行分别完善，对于零散的信息要善于选择图表进行呈现，如进度安排表、活动时间安排表、预算表、工作人员安排表等，若准备事项较多，则也可以将表格作为附件放在文本最后的部分，作为补充。另外，为了美化活动策划方案，在文字说明时要简洁明了，对时间统一单位标准，并且要关注字体与排版。

拓展阅读

●刘洪霞.幼儿园节日活动精彩设计方案［M］.北京：中国轻工业出版社，2020.

●李继文.图解幼儿园实用思维导图［M］.上海：华东师范大学出版社，2022.

拓展资源：幼儿园
活动策划方案范例

第五章 幼儿园家园联系册与幼儿学期评语的写作

 学习目标

1. 了解幼儿园家园联系册的含义、写作意义、写作格式与写作要求。
2. 掌握幼儿学期评语的含义与写作要求。
3. 能根据给定的幼儿在园情况，撰写完整的幼儿园家园联系册。
4. 能根据给定的幼儿在园情况，分析幼儿学期评语的不当之处并进行修改。

 思维导图

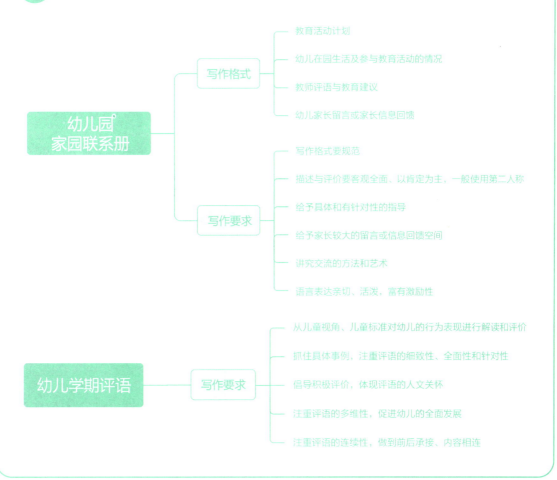

项目任务

请仔细阅读以下信息，撰写某幼儿园中三班妙然小朋友的本周家园联系册信息，注意格式和语言表达的规范性。

相关信息：

1.接下来的活动安排

该班级下周即将开展的活动有猜谜语活动、奥尔夫音乐（山谷回声）、儿歌学习（问答歌）、科学活动（好玩的纸宝宝）。该班级再下一周即将开展的活动有数数学习（继续学习数字宝宝）、儿歌学习（问答歌）、古诗学习（《静夜思》）。

2.上周家园联系册中的家长留言

妙然在家喜欢安静地看书、听故事，但是当我们请她讲述故事时，发现她不太愿意开口表达，希望教师在幼儿园多鼓励妙然说话，给妙然提供一定的帮助。

3.妙然的家长信息

妙然的父母都在外打工，现在由妙然的爷爷奶奶隔代抚养，两位老人受教育程度不高。

4.主班教师的一份区域活动记录片段

在今天的区域活动中，妙然选择了中国地图的拼图。一开始，她安静地拼插着自己手中的拼板，过了一会儿，她对手中较为复杂的拼板失去了耐心，烦躁起来了。她向我走来说："老师你能过来帮我拼吗？"我走过去对她说："老师在你旁边看你完成。"于是她又耐着性子开始拼图，稍后我指着妙然总拼不好的地方说："你看这部分和已拼好的哪部分很像呢，之前那部分是怎么拼成的呢？"妙然仔细看了看之前拼接的部分，尝试了几次，终于自己完成了拼图。

中华民族历来注重家庭、家教、家风，古语有云："天下之本在家。"千家万户都好，国家才能好，民族才能好。家庭是人生的第一个课堂，父母是孩子的第一任老师；有什么样的家教，就有什么样的人；家风是社会风气的重要组成部分。《幼儿园保育教育质量评估指标》在"家园共育"这一指标中明确提到："幼儿园与家长建立平等互信关系，教师及时与家长分享幼儿的成长和进步，了解幼儿在家庭中的表现，认真倾听家长的意见建议。"幼儿园家园联系册和幼儿学期评语不仅是园方与家长共商、共促幼儿健康成长的沟通桥梁，还是立足专业向家长传递、渗透优秀教育理念与科学教育方法的重要途径。

一、幼儿园家园联系册

（一）幼儿园家园联系册的含义与写作意义

幼儿园家园联系册是用于联系幼儿园和家长、供幼儿园教师和家长进行教育信息交流与沟通的小册子。幼儿园家园联系册由教师和家长共同填写，反映幼儿在园生活和学习的情况，也反映家长对保教工作的意见和建议。

撰写幼儿园家园联系册的目的是便于教师与家长的双向沟通。一方面，教师通过幼儿园家园联系册把幼儿近期发展的情况和在幼儿园的表现反馈给家长，方便家长了解幼儿在幼儿园的一些具体问题，就幼儿的一些问题向教师提出需要格外注意的问题及教育建议，配合教师做好幼儿的教育工作。另一方面，家长能把幼儿在家庭中的情况反馈给教师，方便教师了解幼儿在家庭中的情况和信息，就幼儿生活和学习的某些方面进行有效便捷的沟通。撰写幼儿园家园联系册的意义如图5-1所示。

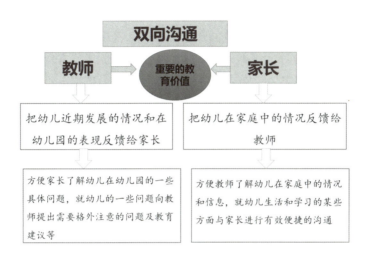

图5-1　撰写幼儿园家园联系册的意义

（二）幼儿园家园联系册的写作格式

一般来说，完整的幼儿园家园联系册的内容应当包括幼儿在园生活及参与教育活动的情况，幼儿所在班级的教育活动计划，教师评语与教育建议，以及幼儿家长留言或家长信息回馈等四个部分的内容。幼儿园家园联系册通常每一两周至一个月发放一次，呈现了一周（或两周、一个月）的家园互动信息，包括幼儿在园一周（或两周、一个月）情况的汇报、下周（或接下来两周、接下来一个月）班级教育活动的主要内容、幼儿教师评语和幼儿家长信息回馈等几个方面的内容。

 案例5-1

张晶晶宝贝的家园联系册（第2周）

本周在园表现：晶晶宝贝是个聪明、活泼、很爱表达自己想法的宝宝，本周在课堂上能较认真地思考老师提出的问题，并能积极举手发言。午睡时能自己穿脱衣裤，入睡较快。吃饭时喜欢吃蔬菜和肉，不挑食。但是，宝贝在不回答问题的时候，如果能安静地坐在自己的小椅子上就更好了，老师相信宝贝会越来越棒的，加油！

下周班级教育活动：数学活动"有趣的排序"，音乐活动"棒棒糖"，美术活动"彩色的大鱼"，语言活动"微笑"等。

教师评语与教育建议：晶晶，你是个聪明、活泼、可爱的孩子。课堂上总能看到你高高举起的小手，上课思维活跃，爱动脑筋，踊跃发言。你的数字写得特别漂亮，语言表达能力也较强，经常抢着上来为大家讲故事。但有时，如果老师没有叫到你，也希望晶晶宝贝不要着急，多听听其他小朋友的想法。老师也希望你今后加强小手的锻炼，让你的小手变得更灵活，成为一个心灵手巧的好孩子，也可以在家里和爸爸妈妈做一些手工，或帮助爸爸妈妈做一些力所能及的事情，我们一起加油吧！

幼儿家长留言或家长信息回馈：亲爱的老师，谢谢您对晶晶的关心和帮助。晶晶有时候做事情比较粗心，手部精细动作发展较慢，协调性有所欠缺。根据老师的建议，我们也在家和晶晶一起做一些手工作品，慢慢加强她小手的锻炼，提高她的动手能力。我们也希望老师在幼儿园能多鼓励晶晶，帮助她养成细心、耐心的良好品格。再次感谢老师的辛勤付出！

（三）幼儿园家园联系册的写作要求

1. 写作格式要规范，包含的信息内容要完整

在制作幼儿园家园联系册时要遵循写作格式的规范性，其中包含的每项信息内容（幼儿在园生活与参与教育活动的情况，幼儿所在班级的教育活动计划，教师评语与教育建议，幼儿家长留言或家长信息回馈），教师都要认认真真地按照要求填写。

2. 教师对幼儿的描述与评价要客观全面、以肯定为主，并注意人称代词的使用

在描述与评价幼儿时，教师要注意多汇报幼儿的长处，更多地看到幼儿的进步和优点，以肯定为主。即使再调皮的幼儿身上也必然有闪光点，要对幼儿充满信心，多鼓励他们。同时，教师也要在肯定中委婉地指出幼儿的问题，提出有针对性的、具体的发展和教育建议，这样家长会乐意接受，也会看到孩子的进步，同时，明白以后该把教育的重点放在哪里。

另外，也要注意人称代词的使用，写评语时一般采用第二人称的写法，以"你"来称呼幼儿，言语中充满关爱和鼓励。还可以加入一些形容词修饰，如"能干懂事的慧慧""聪明活泼的怡然"。

 案例5-2

以下分别是两位幼儿教师在家园联系册中写的教师评语。

教师评语1：乐乐是个聪明、文静的小姑娘。她的脸上总是洋溢着甜甜的笑容，大家可喜欢她啦！

教师评语2：瑶瑶，你是个文静、做事认真的孩子。课堂上能较认真思考老师提出的问题。能在课堂上听到你正确的发言，令我们很开心。你尊敬老师，与小朋友们能友好相处。这个月在各方面均取得了很大的进步。但你还稍欠活泼，老师希

望你多与小朋友交流，多听听别人的意见，也希望爸爸妈妈在周末的时候能多带瑶瑶宝贝出门，鼓励瑶瑶多认识新的小朋友，一起交流、一起玩耍、一起进步！

案例分析：

教师评语1：该评语只有对幼儿的肯定和赞扬，而没有对幼儿具体表现的描述，也没有在肯定幼儿的基础上提出有针对性的、具体的发展和教育建议。此外，人称代词的使用不规范，使用的第三人称缺乏亲切感。

教师评语2：该评语较为规范，既有对幼儿进步与成长的具体描述，也能在肯定幼儿的基础上提出有针对性的建议，有利于家长接受并明白以后对孩子的教育重点。此外，人称代词的使用较为规范，采用了第二人称，以"你"来称呼幼儿，言语中充满关爱和鼓励，拉近了与幼儿之间的距离。

3. 抓住幼儿的特点，给予具体和有针对性的指导

每个幼儿都是独一无二的个体，作为教师要善于发现和挖掘幼儿的特点，从细节入手，用具体、亲切的词句描述幼儿的表现，使家长感受到教师时时刻刻都在关心他们的孩子，更愿意敞开心扉与教师交流。同时，要提供先进的教育理念和经验，给予家长具体的、有针对性的、操作性强的教育建议。

 案例5-3

以下是一位幼儿教师在评语中针对"幼儿生活自理能力不强"的问题为家长提供的建议。

建议：希望家长多鼓励慧慧，让慧慧宝贝的生活自理能力得到提升。

案例分析：该教师的建议不够具体也不够有针对性。家长如何鼓励慧慧，采取什么有针对性的措施提升慧慧的生活自理能力？建议中均未具体指出。

修改后的建议：希望家长平时鼓励慧慧宝贝自己动手吃饭、自己穿脱衣物、自己整理玩具，让慧慧做一些力所能及的事情，表现好的时候给予表扬和奖励，培养慧慧的自信心和生活自理能力，帮助慧慧养成良好的生活习惯。

 核心观点5-1

第十九条 未成年人的父母或者其他监护人应当与中小学校、幼儿园、婴幼儿照护服务机构、社区密切配合，积极参加其提供的公益性家庭教育指导和实践活动，共同促进未成年人健康成长。

第四十一条 中小学校、幼儿园应当根据家长的需求，邀请有关人员传授家庭教育理念、知识和方法，组织开展家庭教育指导服务和实践活动，促进家庭与学校共同教育。

——《中华人民共和国家庭教育促进法》

4.给予幼儿家长较大的留言或信息回馈空间

所有家长都很关心自己的孩子在幼儿园成长发展的状况，家长在教育上也都有自己的想法和建议。因此，在设计幼儿园家园联系册时，在幼儿家长留言部分或家长信息回馈部分应留有较大的书写空间，以便家长提出自己的想法和建议，教师也可以获得更多幼儿在家表现的信息和家长的教育信息等。

 案例5-4

图5-2和图5-3分别是两位幼儿教师设计的幼儿园家园联系册中家长留言部分，空间较大的家长留言部分如图5-2所示，空间较小的家长留言部分如图5-3所示，我们要给予家长较大的留言或信息回馈空间。

图5-2　空间较大的家长留言部分

图5-3　空间较小的家长留言部分

5.针对不同类型的家长，讲究交流的方法和艺术

每位家长受教育的程度、工作性质、性格脾气都是不同的，面对不同的家长，幼儿园教师应讲究交流的方法和艺术，在幼儿园家园联系册里的语言表述方式和交流内容应该有所不同、有所侧重，避免产生误会或造成教师与家长之间的交流不畅。例如，"溺爱型"的家长，父母往往对孩子百依百顺，包办代替，与"溺爱型"家长交流时应注意语气措辞尽量委婉温和，用讨论式的语气和家长提出培养幼儿独立自主能力的方法；"粗暴型"的家长，父母对孩子采取的是棍棒式教育，与"粗暴型"家长交流时应注意语气措辞亲切自然，中肯地给出教育建议，让家长意识到这种教育方式对孩子身心发展的不利影响。

 议题讨论5-1

人的气质有胆汁质、多血质、黏液质、抑郁质四种类型，请查阅相关资料，结合四种气质类型的特点，谈一谈如何根据家长的不同气质类型选择不同的家园沟通方式。

6. 教师的语言表达应亲切、活泼、富有激励性，态度应真诚、平等

教师在写幼儿园家园联系册时要把家长视为教育合作伙伴，真诚、平等地与家长交流，以探讨为主，切忌居高临下，自说自话，对家长"指手画脚"。幼儿园家园联系册是教师与家长之间维系情感的桥梁，是双方进行教育沟通的良好渠道。因此，为了促进教师和家长之间的有效沟通交流，教师在写幼儿园家园联系册时应使用亲切、活泼和富有激励性的语言填写教育内容，多鼓励幼儿，让家长感受到教师对孩子的关心、对幼儿教育的热情，从而提升家长对教师及幼儿园的信任感，实现良好的家园共育。

 小练笔5-1

以下是一位幼儿教师在幼儿园家园联系册中写的幼儿参与教育活动情况节选，请结合所学进行评析。

齐齐，你是个活泼好动，顽皮又爱说空话的小朋友。课堂上常能听到你洪亮清脆的发言。但你有时上课开小差，和其他小朋友说话，那可不好啊！

二、幼儿学期评语

（一）幼儿学期评语的含义

幼儿学期评语通常是指在学期末由幼儿教师撰写的，对幼儿整个学期健康、语言、社会交往等方面的发展情况进行价值判断，并带有教师个人情感色彩的一种评价语言。幼儿学期评语不仅是幼儿家庭与幼儿园联系的桥梁，还是教师进行自我反思的重要途径，具有沟通与联系、总结与评价、激励与导向的作用。

（二）幼儿学期评语的写作要求

1. 具备儿童立场，从儿童视角、儿童标准对幼儿的行为表现进行解读和评价

教师在写幼儿学期评语时，必须具备儿童立场，变被动为主动，在评语写作中积极倡导幼儿的参与，尝试从儿童视角、儿童标准对幼儿的行为表现进行解读和评价。一方面，明确评语的目的性。教师要综合运用评语的激励功能、导向功能和沟通功能，使评语服务于幼儿和家长，有效达成评语写作的目的。另一方面，彰显评语的主体性。幼儿是评语的主体，教师要以朴实的语言、亲和的态度和真挚的情感来撰写评语，重视幼儿的积极参与，采用幼儿喜闻乐见的方式加以呈现，在倾听中对话，在对话中形成共识，在共识中加强情感。此外，给幼儿写评语时要用第二人称，以"你"指代幼儿，拉近与幼儿之间的距离，不能居高临下，用教训、指责的口气，而是要多用商量、肯定、鼓励的语言，让幼儿对教师抱有亲近感，并使其心理活动处于积极状态。

案例5-5

璐璐，在老师的印象中，你一直是个很乖很乖的小朋友，你总是安安静静的、不吵也不闹，多听话呀！但是，如果你能再大胆一点，把自己的想法勇敢地告诉老师，那么老师会更加喜欢你的。经过托班一个学期的学习、生活，你的进步很大，学会了念许多好听的儿歌，动手能力也有了较大的进步，喜欢玩玩具和看图书，乐意学习自己的事情自己做。新年马上就要到了，过完新年以后，咱们璐璐又长大一岁了哦，老师希望你以后能再勇敢、大胆一点，多在集体面前表现自己，好吗？老师为你加油！也希望爸爸妈妈在家里能多鼓励璐璐，带璐璐认识新的小伙伴，一起交流、玩耍。新的一年来到了，祝你在新的一年里开开心心、快快乐乐！

案例分析：在上述幼儿学期评语中，教师是基于儿童立场对璐璐的表现进行解读与评价的。首先，教师在写幼儿学期评语之前做了如下思考：璐璐这学期在哪些方面有了发展与进步，璐璐在发展过程中表现出哪些特点，璐璐未来该如何发展，需要家长提供什么样的支持？教师是围绕璐璐在本学期中的成长与发展来撰写评语的。其次，教师采用了第二人称，语言朴实、态度温和、情感真挚，言语之中一直在激励璐璐发展与进步，也彰显了评语的主体性。

2. 抓住具体事例，注重评语的细致性、全面性和针对性

第一，教师在撰写幼儿学期评语时往往要做到言之有"据"，而具体事例是幼儿发展的一种显而易见的证据。因此，教师要注重评语的细致性，抓住幼儿表现的具体事例，且突出其重点来写。

第二，教师在撰写幼儿学期评语时要具备全面性。评语不可单凭个人对幼儿的了解、印象来写，而是应参考幼儿和其他任课教师的意见，从各方面给幼儿一个公平、全面的综合评价。

第三，教师在撰写幼儿学期评语时要具备针对性。有些评语往往过于笼统，千篇一律。如"你尊敬老师、遵守纪律"等，这样的评语价值不大，不具备针对性。教师应做有心人，真正了解每个幼儿的个性特点，使幼儿通过评语更进一步地正确认识自己。

 小练笔5-2

请结合以上所学，分析以下评语的问题，并说明理由。

一位教师在幼儿学期评语中写道："天天，你是一个优秀的孩子，今后要继续努力。"

3. 倡导积极评价，体现评语的人文关怀

人文关怀，一般认为发端于西方的人文主义传统，其核心在于肯定人性和人的价值，要求人的个性解放和自由平等，尊重人的理性思考，关怀人的精神生活等。对幼儿的人文关怀，要体现在尊重、信任、关爱幼儿上，更要培养幼儿的良好生活习惯和道德品质。

教师在撰写幼儿学期评语时，应更多地去肯定幼儿的表现，发现幼儿的进步和闪光点，倡导积极评价，给予幼儿鼓励与信心。但是，要注意把握好激励的"度"，体现评语的人文关怀。不可盲目激励、过度激励、夸大其词和言过其实，而是要斟词酌句、诚恳适度，客观、中肯地评价幼儿。

 小练笔5-3

一位教师在幼儿学期评语中写道："张凯奇，你是一个聪明、活泼、好动的小朋友，经过一个学期的托班生活，你的生活自理能力有了很大的提升，老师希望你继续努力，在下学期能做到自己吃饭、自己穿脱衣物、自己整理书包和玩具。"

请结合所学，分析该评语存在的问题。

4. 注重评语的多维性，促进幼儿的全面发展

教育的目的，是促进幼儿的"全面发展"。因此，在评估幼儿的学习经验和发展时，评价内容须涵盖幼儿多个不同的发展范畴，注重评语的多维性。教师可参考《3～6岁儿童学习与发展指南》中的各项发展目标和学习品质，制定出一套评语指标，为全方位、多角度地撰写幼儿学期评语提供重要的参照体系。幼儿学期评语内容应包括幼儿各领域发展中具备的优点、才华及发展困难之处，并提出相应的改进建议。

5. 注重评语的连续性，做到前后承接、内容相连

鉴于幼儿处于动态的发展之中，教师在撰写幼儿学期评语时须重视与上次评语的连贯性，通过对之前评语的反观与思考，做到前后承接、内容相连，后一次的评语中应当包含对前一次评语内容的关注与反馈。同时，后一次的评语在肯定幼儿进步的同时，还要指出幼儿新的不足与发展方向，以便与家长及幼儿之间展开"持续性对话"，有效落实评语的反馈和可持续教育功能。

 小练笔5-4

一个学期结束了，中三班的小林老师要为班级的每个小朋友撰写学期评语。以下是小林老师结合妙然小朋友在园一学期表现为她撰写的学期评语，请分析此评语存在的问题，分点罗列。

一月意味着成长，意味着开始。因为长大了，孩子们开始给老师当小助手，为彩虹湾、为小伙伴服务。不同的小助手承担着不一样的职责，但有一样的任务意识，希望孩子们在这样一个有爱的环境里成长，就更懂得为别人服务和付出，懂得互相帮助。妙然的小助手工作非常积极，特别是在当分餐具小助手时，她那认真的样子，好可爱哦！但忘性大的小家伙偶尔还是会不由自主地忘记自己的职责，需要老师的提醒，希望下学期的小助手工作，我们的妙然会是超级棒的那个！

我们在这长长的一个学期里面真的是做了好多事情呀！一起迎中秋、庆祝新年，

一起和小豆妈妈学习怎么制作泡芙，一起制作漂亮的冰灯……真的是愉快丰富的开始，接下去的日子里，妙然准备再增加多少本领呢？老师好期待啊，期待和你一起的快乐之旅！

亲爱的妙然，你的快乐感染着身边的每个人。希望你在幼儿园的每天都是如此幸福。在寒假来临之际，老师祝你有一个开心快乐的假期哦！希望在新的学期，我们的妙然能有更加出色的表现哦！老师期待着……

党的二十大报告明确提出，"深化教育领域综合改革，加强教材建设和管理，完善学校管理和教育评价体系，健全学校家庭社会育人机制"，要求我们正确把握学校、家庭、社会育人的特性和规律，将三者作为新发展格局中实施科教兴国战略、建设高质量教育体系的重要因素、内生变量，进行整体性统筹考量。对于学前教育专业的学生来说，幼儿园家园联系册和幼儿学期评语不仅仅是其入职幼儿园后需要掌握的重要应用文之一，还是幼儿园和家庭双方实现协同育人的重要形式，更是一种传递正面价值观，培养孩子尊重、理解、同情、责任和担当等社会公德心态与道德素养的渠道。

 案例优化

以下是某师范院校学前教育专业的一名同学写的幼儿学期评语（小班上学期），有初稿、修改稿和终稿（范文），共计3份，向我们呈现了通过幼儿园家园联系册与幼儿学期评语写作的课程学习，她初步的写作思考、进一步的反思修改和最终不断完善的完整写作过程，并附上教师提供的审阅意见。

【初稿】

贝贝小朋友，在初来幼儿园的这个学期里，她的变化、进步可大了，很快就适应了幼儿园的学习和生活。上课时她能遵守纪律，活跃地展示自己，在园能很好地遵守就餐和午睡纪律。新年即将来临，过完年又长大一岁了，贝贝的进步一定会更大的，加油哦，宝贝！

审阅意见：

（1）贝贝是一个什么样的小朋友呢？应用具体、亲切、情感真挚的词语来形容贝贝，凸显出贝贝的闪光点。

（2）采用了第三人称，应改为第二人称，以"你"来称呼贝贝，言语之中凸显亲切与鼓励，拉近与贝贝的距离。

（3）贝贝在这个学期中的表现有哪些，变化和进步表现在哪些方面？评语中均未写明。该评语不够具体、全面、有针对性，既没有写出具体的事例，也没有从语言、社会、健康等多个领域对贝贝进行评价。

（4）该评语未指出贝贝的不足与发展方向，不利于家长接受并明白以后对贝贝的教育重点应放在哪里。

【修改稿】

　　贝贝，你是一个聪明、活泼、喜欢表达自己想法的小朋友。在初来幼儿园的这个学期里，你的变化、进步可大了，很快就适应了幼儿园的生活。你是一个有礼貌、甜嘴巴的孩子，早上来园时你那声甜甜的"老师好"，叫得老师多开心呀；上课时你能开动脑筋，积极举手发言，活跃地展示自己，积极参与老师组织的任何活动；遇到困难时你能找老师帮助，主动向老师表达自己的意愿；你特别喜欢玩玩具和参与游戏活动，什么事情都乐意自己学着做，生活自理能力有了很大的进步；你在歌表演《袋鼠妈妈》中跳得有模有样。但是，老师发现上课时，贝贝有时候不能安静地坐在小椅子上，喜欢摇椅子或站在小椅子上。新年即将来临，过完年又长大一岁了，老师相信贝贝一定能改正的！加油哦，宝贝！

　　审阅意见：

　　（1）采用了第二人称，使用了一些亲切的形容词，凸显出贝贝的性格特征和身上的闪光点。

　　（2）结合了具体的事例，从语言、社会、健康等多个领域对贝贝进行多维度评价。

　　（3）指出了贝贝的不足，但是未具体写出有针对性的措施和教育建议，需要补充。

【终稿】

　　贝贝，你是一个聪明、活泼、喜欢表达自己想法的小朋友。在初来幼儿园的这个学期里，你的变化、进步可大了，很快就适应了幼儿园的生活。你是一个有礼貌、甜嘴巴的孩子，早上来园时你那声甜甜的"老师好"，叫得老师多开心呀；上课时你能开动脑筋，积极举手发言，活跃地展示自己，积极参与老师组织的任何活动；遇到困难时你能找老师帮助，主动向老师表达自己的意愿；你特别喜欢玩玩具和参与游戏活动，什么事情都乐意自己学着做，生活自理能力有了很大的进步；你在歌表演《袋鼠妈妈》中跳得有模有样。但是，老师发现上课时，贝贝有时候不能安静地坐在小椅子上，喜欢摇椅子或站在小椅子上。小椅子是我们的好朋友，贝贝以后也要好好爱护它哦，站在上面会把它弄疼的。新年即将来临，过完年又长大一岁了，老师相信贝贝一定能改正的！老师也希望爸爸妈妈在家里能和贝贝做一些简单的游戏，例如，角色扮演游戏、音乐伴奏等，让贝贝在遵守规则中学会控制自身的情绪体验，提升贝贝的自我控制能力，培养耐心和恒心，帮助贝贝养成良好的生活与学习习惯。

拓展阅读

● 宋梅. 幼儿学期评语撰写行动研究[J]. 教育测量与评价，2022（4）：11.

● 宋梅，陈洁. 幼儿学期评语研究的现状及未来走向[J]. 教学研究，2016，39（4）：4.

●傅海静.关于幼儿园教师撰写幼儿学期评语的研究[D].南京：南京师范大学，2014.

●杨华.家校联系册：架起学校、家庭沟通的桥梁[C]//教育部中国教师奖励基金会，中教创新教育研究院.全国教育科研"十五"成果论文集：第五卷.北京：新华出版社，2005.

拓展资源：幼儿园
成长档案模板
（双语幼儿园）

拓展资源：幼儿园
家园联系册案例
节选

第六章　幼儿园游戏活动案例的写作

 学习目标

1. 了解幼儿园游戏活动案例的内涵和意义。
2. 掌握幼儿园游戏活动案例的写作框架和要求。
3. 根据幼儿游戏表现，运用所学知识撰写幼儿园游戏活动案例。

 思维导图

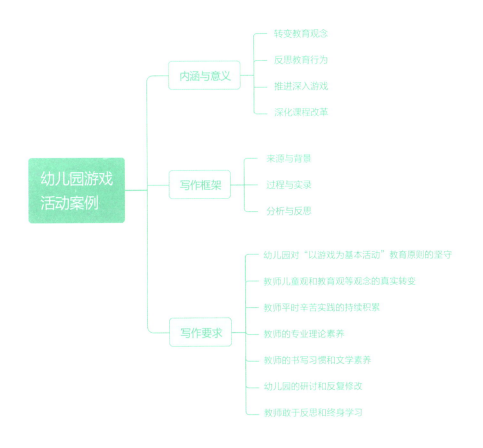

📖 **项目任务**

请根据在幼儿园观察到的或某个幼儿园游戏活动案例的视频，撰写一篇幼儿园游戏活动案例。

党的二十大报告指出，我们要"增强中华文明传播力影响力。坚守中华文化立场，提炼展示中华文明的精神标识和文化精髓，加快构建中国话语和中国叙事体系，讲好中国故事、传播好中国声音，展现可信、可爱、可敬的中国形象"。作为一名幼儿园教师，要始终牢记使命，把握幼儿园以游戏为基本活动的学习特点，不断挖掘本土资源和本土文化，提升幼儿游戏质量，从而助推幼儿能力发展。此外，还要加强学习并落实"安吉游戏"的精神，不断探索更适合中国国情的游戏实践模式，使得更多的"安吉游戏"成为中国学前教育的国际"名片"，吸引世界各国来学习中国的幼儿教育实践，不断提升幼儿教育的国际影响力。为此，要学会写好并讲好中国幼儿的游戏故事，展现中国幼儿和教师的形象，传播好中国声音。

要想撰写一篇幼儿园游戏活动案例，先要树立正确的儿童观、教育观和游戏观，儿童不是被约束、被管束、无知和无能的个体，而是充满了想象、创造、热情、好奇、渴望和活力的个体。陈鹤琴先生曾说："游戏是儿童的心理特征，游戏是儿童的工作，游戏是儿童的生命。"作为一名幼儿园教师，要充分尊重幼儿游戏权利，支持幼儿充分自由自主且愉快地开展游戏活动，要细心观察和记录幼儿游戏的言行表现，要用心支持和引导幼儿游戏的活动过程，通过幼儿的自主、环境的创设、材料的支持、教师的引导等不断提升幼儿游戏水平，使幼儿获得多方位的发展。只有基于此，才能学会理解幼儿游戏活动案例的内涵和意义，学会规范地撰写幼儿园游戏活动案例，学会梳理游戏活动过程中自己的所见、所闻、所做、所想，转变教育理念，提升专业能力，助推幼儿发展。

一、幼儿园游戏活动案例的内涵

案例是指已有的可作典型事例的案件。也就是说，案例对于人们的学习、研究、生活借鉴等具有重要意义，是对人们所经历故事的有意截取。为此，在选择案例的时候，要注意案例的典型性、故事性、戏剧性、真实性和教育性，以通过案例的呈现和分析达到一定的借鉴、说明、说服与教育的意义。案例的特点及对应的功能如图6-1所示。

图6-1 案例的特点及对应的功能

核心观点6-1

案例要有典型性、故事性、戏剧性、真实性和教育性，不是对事件的简单叙述就可以被称为"案例"。

丁海东教授认为，游戏活动案例是指："教师提供相关环境和玩教具材料，幼儿基于兴趣自主开展或教师组织开展的，能够体现幼儿高质量学习探究过程的游戏活动记录和分析反思。"[①]也就是说，幼儿园游戏活动案例强调游戏中环境和材料的支持，强调幼儿的自主探究，强调幼儿是学习主体，强调幼儿持续高质量学习探究的过程，强调教师观察者、记录者、组织者、材料提供者、环境创设者和反思者的角色身份，更强调这一过程中幼儿投入、专注的学习品质和从持续自主探究中获得的多种有益经验。

为此，将幼儿园游戏活动案例界定为教师基于教育目标、幼儿的兴趣与经验，创设或提供一定的环境条件，引导和支持幼儿积极主动参与游戏，在活动中与环境充分互动，满足游戏愿望，体验自主探索的乐趣，获得有益的学习经验，且在内容上具有一定内在联系的游戏活动的过程记录及自我反思，并由此而呈现出一种"幼儿在游戏中学习"的教育叙事。从上述定义中，应看到幼儿的自主性、幼儿游戏兴趣的满足、幼儿游戏水平的自主提升、教师角色身份的转变及内容之间的联系性和层次性，还要看到幼儿园游戏活动案例绝不是记录教师从头到尾预设好的内容，或者说是牵着幼儿一步步开展预设好的活动，而是强调幼儿的自主性、能动性和持续探索性，引导幼儿在游戏活动的持续探索中不断拓展新经验。

 议题讨论6-1

幼儿园游戏活动案例撰写与幼儿行为观察记录、幼儿游戏活动设计一样吗？为什么？

 案例6-1

泡泡探索家

一、游戏由来

泡泡是生活中幼儿喜闻乐见的事物，富有趣味性。在多次游戏中，教师发现只要是与泡泡有关的游戏总能引起幼儿极大的兴趣。在一次盥洗活动中，幼儿向教师提问：为什么洗手液是绿色的，但产生的泡泡是五颜六色的？幼儿提出的问题体现了他们对洗手液和泡泡之间颜色变化的细微观察，并对此产生了兴趣。本次探究游戏借由幼儿这一问题的提出，结合教育理念，设计了一系列围绕泡泡展开的探究活

---

① 丁海东.幼儿园优秀游戏活动案例：意义、类别、体例与特点[J].福建教育，2019（42）：7-10，26.

动，目的是帮助幼儿提高发现问题、理解问题、解决问题的能力。本次探究游戏的设计重在"问题解决的过程"而非"知识"，充分发挥幼儿的主体性，引导幼儿在一次次的观察、实践、发现、思考、讨论中，自主思考、自主探究。

幼儿像往常一样在洗手，突然王荣浩说："看我搓出来好多泡泡啊！"此时大家都看向自己的小手，谢博雅说："我的手上也有许多泡泡呀！"可是，有的幼儿手上没有泡泡，他们失望极了。于是，我们的"泡泡"之旅开始了……

二、活动内容与过程实录

第一阶段：了解泡泡器

活动实录一：认识泡泡器

（1）教师展示用泡泡器吹泡泡，引发幼儿对吹泡泡和泡泡器的兴趣。

教师提问："小朋友们，你们看，老师手中的泡泡器长什么样子？谁能把它画出来？它的哪个部分能吹出泡泡？"

（2）请个别幼儿在黑板上画出泡泡器的样子，指出泡泡器的吹口和手柄。

小结：泡泡器的圈圈是泡泡的吹口，能吹出泡泡；手握的地方是手柄。

探索："找出生活中能吹出泡泡的物品。桌上摆放着许多我们生活中常见的物品，请你们试一试哪些物品可以吹出泡泡。请将能吹出泡泡的物品放在盘子里，并记录在表格上。"

（3）教师引导幼儿多次尝试验证，将结果记录在表格上。

（4）实验结束，幼儿展示表格并分享实验过程和结果。

记录统计：放大镜的镜框、剪刀、纸筒、水管积木、吸管能成功吹出泡泡。

教师提问："请你们仔细观察能成功吹出泡泡的物品，它们有什么共同特点？"

（5）幼儿讨论，教师记录，标出特点。

小结：能成功吹出泡泡的物品都有一个完整不破的吹口，通过吹口可以把气从一边吹到另一边。

教师提问："符合这个特点的，能吹出泡泡的物品还有哪些？"

情况分析：在和幼儿一起游戏的过程中，此环节通过有目的地提出问题，使幼儿关注吹泡泡成功与否的现象，并通过对比观察、实验验证发现奥秘。

支持策略：使用剪刀、小刀等工具时，教师应在一旁监管，防止幼儿受伤。

教师应注意提醒幼儿在吹泡泡时，勿将泡泡液倒吸入口中。

活动实录二：泡泡的形状

（1）幼儿讨论举例，教师引导幼儿一起验证幼儿提出的物品是否符合条件。教师再列出一些特别的物品，如拖鞋，请幼儿猜测结果，并用实验证明结果。

小结：只要有完整不破的吹口，无论吹口的大小如何，都可以吹出泡泡。

（2）二次操作，感知泡泡器吹口的形状与泡泡的关系。

教师提问："你们觉得吹口的形状会影响吹出来泡泡的形状吗？"

（3）教师引导幼儿在探索讨论的过程中进行合理分工，每组可以有一人记录，一人操作，其他人进行观察和讨论。

（4）每组派出一名发言人分享自己小组的结论，教师汇总在大黑板上。

小结：任何形状的吹口吹出来的泡泡都是圆的。

"通过两次操作，我们知道了关于泡泡器的两个秘密：一是泡泡器要有一个完整不破的吹口；二是任何形状的吹口吹出来的泡泡都是圆的。"

情况分析：在幼儿分组分享他们自己的想法时，我觉得大家分享的都差不多，没有说到我想要的那个点。

支持策略：分组合作时，建议四人一组，教师可根据幼儿的前期经验，将动手能力、合作能力强的幼儿平均分配到每个小组中，提高小组合作的整体效率，幼儿通过自主协商的方式进行任务分配。

第二阶段：设计泡泡器……

第三阶段：制作泡泡器……

三、活动的特点及价值所在

尊重幼儿身心发展规律和学习特点，以游戏为基本活动，保教并重，关注个别差异，促进每个幼儿富有个性的发展。游戏可以促进幼儿的认知和发展；游戏可以帮助幼儿养成积极的情绪和情感；游戏有助于幼儿形成良好的意志品质；游戏是发展幼儿健康心理、培养幼儿健康人格的有效途径，也是幼儿身体发育的重要保证。对于幼儿来说，游戏是幼儿群体的一个普遍兴趣，因此，将教育课程融入游戏中，从而激发幼儿的兴趣达到教学的目的成为现代幼儿园教学的一大主题。幼儿在生活活动、户外活动、学习活动、亲子活动中直接感知、积极探索制作了各种泡泡。在轻松愉悦的氛围中，主动学习、同伴协助，获得各方面成长。整合各方资源，调动感官，拓展幼儿对泡泡的认知经验，知道泡泡在我们生活中的重要作用，体验泡泡带来的乐趣……

此次探究游戏，我最大的收获就是教育观念的转变。幼儿一连串的游戏行为使我认识到，教育是引出，是唤醒，是激活，是追随，教师的引领是支持而不是支配。我们应该相信幼儿有主动探究的能力，给予幼儿主动探究的机会，发现支持幼儿探究的行为，鼓励幼儿交流自己的发现。让幼儿在观察、思考、探究、判断、表达的过程中探索性学习、创造性学习、自主性学习，这便是教师对幼儿理性的爱与智慧的启迪。

——N幼儿园教师提交的游戏活动案例节选

案例分析：从案例6-1可知，教师结合幼儿对于泡泡的兴趣设计了一系列围绕泡泡展开的探究活动，从认识多种多样的泡泡器，到引导幼儿设计泡泡器，再到最后引导幼儿尝试自己去制作泡泡器，游戏活动开展的思路非常清晰，层层递进。但是，"泡泡探索家"这一系列游戏活动过程的记录不是游戏活动案例，而是游戏活动设计，整个游戏过程不是幼儿自主探究，而是教师一步步牵着幼儿开展预设好的活动。

二、幼儿园游戏活动案例撰写的意义

作为幼儿园教师，撰写幼儿园游戏活动案例有何意义呢？教育部筛选幼儿园优秀游戏活动案例的三条标准可提供重要参考。

一是体现正确的儿童观和教育观。幼儿是积极主动的学习者，尊重幼儿游戏的权利，充分理解与支持幼儿在游戏中的想法和行为。珍视幼儿游戏的独特价值，将教育目标与内容自然地蕴含在游戏中，引发和支持幼儿的学习方式与特点，关注幼儿的个别差异，支持和引导他们从原有水平向更高水平发展。

二是教师的支持、引导适宜有效。教师能根据教育目标、幼儿的兴趣需要及已有经验，提供适宜幼儿的空间和游戏材料；耐心观察幼儿的行为，倾听幼儿的声音，正确解读幼儿游戏行为反映的经验与水平；能抓住教育契机给予幼儿适时、适应的回应与支持，推动幼儿深入学习与探索；并能帮助幼儿回顾、梳理已有经验，激发进一步探索的欲望；能对游戏活动过程进行总结与反思，针对环境材料、游戏规则、指导策略等方面存在的问题提出改进思路。

三是真实体现幼儿游戏与学习过程。幼儿能在游戏中根据自己的兴趣和需要自主选择，与环境、材料充分互动，不断创造新的玩法，在游戏中发现问题、解决问题、主动探究，获得一个或多个领域学习与发展的有益经验，在游戏过程中能体现出好奇、专注、探究、合作等良好的学习品质。

 小练笔6-1

请扫码阅读游戏活动案例——"豆芽"的故事，分析案例体现的幼儿园游戏活动案例撰写的意义，可分点罗列。

游戏活动案例："豆芽"的故事

（一）转变教育观念

幼儿园游戏活动案例的撰写可以转变教师的儿童观、教育观和教师观，更好地尊重幼儿的主体地位、欣赏幼儿的游戏行为和相信幼儿的发展能力。例如，在"豆芽"的故事游戏中，陈老师一直尊重幼儿的主体地位，秉持正确的儿童观和教育观，让幼儿充分自主操作探究，遇到问题没有包办代替，更没有要求幼儿要按教师的想法开展游戏，而是鼓励"豆芽"自己积极主动地探索尝试。陈老师在"豆芽"出生—带着"豆芽"去取钱—去打预防针—制作"尿不湿"—制作"婴儿车"的整个游戏过程中，一直在欣赏幼儿的游戏行为和语言，欣赏幼儿的想法和接纳幼儿的建议，并且她相信幼儿有能力在与环境相互作用的过程中充分利用已有经验并整合生成新经验，从而获得发展。

（二）反思教育行为

幼儿园游戏活动案例的撰写可以帮助教师进一步反思自己教育行为的适宜性、合理性、有效性和及时性，反思自己的教育行为是否支持幼儿的兴趣需求，推进幼儿的深入游戏，促进幼儿的整体发展。比如，在故事二"带着'豆芽'去取钱"中，陈老师蹲下来，一边安慰毛豆，一边启发毛豆思考："宝宝为什么会摔倒，婴儿摔到地上会有什么后果，妈妈应该如何安全地带婴儿外出呢？"通过问题引导毛豆思考解决她目前所面临问题的方法。同时，陈老师问毛豆："我家就有一个婴儿，你知道我是怎么带婴儿外出的吗？""那段时间，我刚生完孩子，家里正好有婴儿背带。第二天，我将婴儿背带带来，并通过照片和视频展示我是怎样带婴儿外出的。"陈老师很好地分享了自己的带娃经验，帮助毛豆更好地迁移应用，并且支持鼓励幼儿自己想办法，以物代物，支持毛豆在百宝箱里找到一块大花布来解决安全带娃外出的问题。此外，陈老师还为幼儿提供了图片和材料的支持，支持幼儿跨区选材，包括"从手机上下载了尿不湿的图片给毛豆看"和"提议使用订书机（海绵纸、毛根）"等，着力推进幼儿的深入游戏，促进幼儿的整体发展。

（三）推进深入游戏

幼儿园游戏活动案例的撰写可以帮助教师更好地看到游戏的发展价值，扎实推进"以游戏为基本活动"的教育改革。在以往的游戏活动中，往往会看到由于场地活动和幼儿人数较多，教师对于幼儿的观察和支持很容易浮于表层，将游戏看作幼儿随意发展和打发时间的手段。教师的有效支持可以推动幼儿在游戏中深入开展学习，并在此过程中更好地实现全面发展。比如，从"豆芽"的系列故事中，我们看到了在游戏中幼儿对生孩子、照顾孩子、打预防针等知识的获得，角色扮演、解决问题、协商合作、沟通交流、设计制作能力的发展，关爱幼儿、他人的情感培养的多维度价值。又如，轨道弹球乐这一类建构游戏，可以帮助幼儿获得物体重心、空间方位、空间测量、观察能力、想象能力、思维能力、创造能力、解决问题能力、语言表达能力、人际交往能力、物品归类、大小肌肉的发育、物品整理能力等方面的发展。

（四）深化课程改革

幼儿园游戏活动案例的撰写可以帮助教师更好地理解游戏、生活和课程三者的关系，在游戏中努力寻找课程生长的契机，从而深化课程改革。例如，在"豆芽"的系列故事中，毛豆小朋友很好地调用自己对"生孩子""取钱""打预防针"等生活经验去开展游戏，推动游戏的进程。由此可见，幼儿的游戏离不开幼儿的生活，生活是幼儿游戏的基础，同时，幼儿在游戏中加深了对生活的认知和体验。此外，可以从"豆芽"的故事中生成"我从哪里来"的主题，生成调查尿不湿、感恩母亲、制作"婴儿车"等系列活动，还可以引导幼儿就打预防针开展系列活动，从而进一步深化幼儿园课程改革，使得幼儿园课程更好地结合本园、本班孩子的需要，更好地促进幼儿的发展。又如，在幼儿园户外玩沙游戏中，幼儿充分利用幼儿园提供的滑轮开展游戏，那么可以引导幼儿将轮子和滑轮这一游戏经验迁移到幼儿的生活活动中，让幼儿在开学初或学期末自主想办法将被子运送到班级或楼上。这些活生生的课程，是促进幼儿发展的、与幼儿生活密切联系的和与幼儿经验相衔接的课程。

三、幼儿园游戏活动案例的写作框架及要求

了解了幼儿园游戏活动案例的内涵及其撰写的意义后，接下来继续学习幼儿园游戏活动案例撰写的一般框架及基本要求。

 议题讨论6-2

当你作为一个读者去阅读"二月二龙抬头"这一幼儿园游戏活动案例时，在阅读之前，你想了解这个案例的哪些内容；你想从这个案例中学到什么，或者说你想作者分享什么内容？

其实，读者希望从作者分享的幼儿园游戏活动案例中知道他们班是如何发起这个活动的，基于幼儿何种经验，如何把握幼儿的兴趣，如何推动幼儿的兴趣和游戏能力，如何回应和支持幼儿，如何帮助幼儿回顾、梳理已有经验，游戏玩不下去的时候教师又是怎么处理的，有哪些做得好的地方可以借鉴，哪些地方可以怎样改进，教师有没有对游戏活动过程进行总结与反思，等等。因此，幼儿园游戏活动案例的撰写一般可以分为三个部分：来源与背景，过程与实录，分析与反思。

（一）来源与背景

第一部分来源与背景也可以换成活动背景、活动来源、活动缘起，这一部分主要要向读者交代清楚大背景、主要人物、幼儿兴趣、已有经验或表现行为、遇到的问题和解决的方法、游戏场地、材料、玩法、规则、预期教师行为或支持等，也可配上相应的图片或视频，更好地交代活动产生的背景。即为什么会发生这个游戏活动（大背景）；这个活动的主人公有哪些（主要人物）；幼儿对于这个游戏活动的兴趣如何，有哪些已有的行为（幼儿兴趣、已有经验或表现行为）；发生在什么样的场地，有哪些材料，具体怎么玩的（场地、材料、玩法、规则）；幼儿通过游戏活动获得了哪些发展，教师如何做的？（预期、教师行为）……当然，这一部分的内容无须机械式地全部说明，根据游戏活动的类型，有侧重或有选择地解释或交代即可，主要激发读者的兴趣和帮助读者了解游戏活动发生的环境背景与人物背景。

 小练笔6-2

请扫码阅读"游戏活动案例（一）"，分析思考其中三个游戏活动案例在"活动背景"部分撰写了哪些内容？请结合案例进行具体分析。

游戏活动案例（一）

（二）过程与实录

第二部分是过程与实录，即活动内容与过程。该部分由若干个活动或故事或阶段组成，向读者呈现出幼儿在游戏中如何通过自主探究，层层深入，不断获得新经验的过程。在撰写时要注意以下几个方面。

1.取好故事名称

在撰写幼儿园游戏活动过程与实录时，会涉及若干个活动或故事（阶段），部分教师在撰写时会遗漏名称，直接以"活动一""活动二""活动三"或"故事一""故事二""故事三"命名，无法让读者清晰地掌握该子活动或故事（阶段）的主要内容。因此，在撰写每个子活动或故事（阶段）时，要注意取好故事名称。故事名称要简洁易懂，要与该故事实录的内容相匹配，凸显该故事的核心内容，要让读者对该故事的主题一目了然。

 小练笔 6-3

请为以下"神奇的花儿朵朵开"游戏活动案例的"故事一"取一个适宜的故事名称。

神奇的花儿朵朵开

故事一：

区域活动开始啦！只见汐汐直奔科学区，拿出"水中开花"的那份材料，认真地探索起来。看着各种各样的纸，有卡纸、报纸、彩纸、广告纸……汐汐皱着眉头摸了摸，就立即拿起水彩笔在纸上开始绘画。汐汐一边画一边欣赏着自己的作品，还时不时拿着作品跟旁边的小朋友介绍着，"你看，我的小花各种颜色，多好看"。一会儿时间，每种纸上都留下了美美的花朵。

实验开始啦！只见汐汐将制作完的花朵依次放入水中。秋秋在一旁目不转睛地看着花朵的变化。"看，卡纸花已经盛开一点啦！"秋秋大声地说着。"报纸花也在盛开呢！"汐汐指着报纸花朵惊喜地说着。"彩纸花也跟上啦！""太神奇了，它们怎么像是在比赛呀？"大家你一言我一语，其他区域的小朋友都围上来观看。"还是报纸花开得最快！"秋秋认真地说着，俨然是一名裁判员。"奇怪，为什么这些花开的速度不一样呀？"汐汐好奇地说着。"可能是因为报纸轻吧！""那彩纸也不重呀！"大家一句接一句，好奇心越发强烈。"那可能是因为报纸比较怕水，所以得赶紧把花瓣打开来吧！""那卡纸胆子可能大一些，它会游泳，不怕水。"秋秋一边说着一边做着游泳的姿势。

在一片嘻嘻哈哈的欢笑声中，我轻轻地走了过去，弯下腰，一边拿着花朵一边问："你们刚才除了看到花开的现象外，有没有看到这些纸还发生了什么变化？""咦，这个报纸花上多了很多水呢！"汐汐指着报纸说着。秋秋上前拿起报纸花朵摸了摸，说："这报纸现在摸起来全是水，一下子就破了。""那再看看这个卡纸花怎么样？"

我指着卡纸问。"卡纸花看上去好像没有那么多水，用纸巾可以擦干呢！"秋秋认真地说道。"报纸花这么多水，卡纸花却没有，怎么回事呢？"看着他们思索着，我心里暗喜。"报纸很喜欢喝水吧！""水喝得多了，报纸的身体就重了，花就开得快了！""那卡纸不喜欢喝水，花就开得慢了。""我们再试试吧！看看到底谁喜欢喝水，谁不喜欢。"说着，他们再一次开始了操作……果然，他们发现原来报纸最喜欢喝水，花就开得快；卡纸不太喜欢水，只能一点点喝，因此花就开得慢了。

2. 呈现故事的层次性

游戏活动过程与实录虽然是由若干个活动或故事或阶段组成的，但是这若干个活动或故事（阶段）绝不是随意堆砌或并列呈现的，而是反映幼儿游戏活动的进程及其经验发生与获得的真实顺序，即随着游戏的推进，幼儿持续获得新的经验。因此，在撰写上要体现出一定的层次性。案例6-2为"轨道弹球乐"五个小故事的标题，从标题中可以看出幼儿随着游戏的进程不断获得新的经验，这是一个层层递进的过程。

 案例6-2

轨道弹球乐

故事一：怎样让反弹回来的球爬得更高一些

故事二：怎样搭轨道支柱更节省材料

故事三：怎样才能不让小球滚走

故事四：怎样才能让小球跳进加高的围墙

故事五：怎样搭建带拐弯的轨道

3. 故事要写出幼儿游戏活动中的关键环节和典型行为

每个故事的发生、发展都会伴随着幼儿诸多的游戏行为表现，但是在撰写的过程中，要着重写出幼儿游戏活动中的关键环节和典型表现，即幼儿与环境互动的情况：幼儿对空间及材料的探究情况（语言、行为、表情、眼神等）以及与同伴的交往情况（语言、行为、表情、眼神等）。因此，不是游戏活动中所有幼儿的语言、行为、表情、眼神都需要一一详细记录，而是需要根据一定的线索或活动主题，针对活动过程及环节中幼儿的语言、行为等做或详或略的适宜性处理，以突出幼儿游戏的关键环节和典型行为。此外，还需要配上与幼儿游戏活动中的关键环节和典型行为相对应的图片，更直观地呈现游戏场景。当然，在语言的表述上，要把故事写得生动、真实，能触动读者的心弦，激发读者的共情。

 议题讨论6-3

请评析以下两个游戏活动案例中的故事片段是否突出幼儿游戏活动中的关键环

节和典型行为？为什么？

快乐小厨房

故事一：受到孩子追捧的小厨房

厨房是孩子首选的游戏场所，我们的角色区在阁楼上，空间不是很大，但有娃娃家和小厨房，还有一个语言区也在上面，我们称为"小书房"。今天有几个孩子进了娃娃家的小厨房。朵朵到了小厨房，她穿好围兜后走到灶台上拿了一把铲子和一口锅，往锅里放了葡萄、包子、鸡腿、火腿……然后盖上盖子，端到餐桌上。当她看见别的孩子用盘子装食物时，也去拿了一个盘子，装了几种食物放到桌面上，继续去小厨房，她反复煮饭、上菜，桌面上很快就摆满了食物。

俊诚在灶台上忙碌地煮着东西，他把面条和海鲜都放在锅里，嘴里说着："我要煮饭啦。"一旁的瑶瑶试图把他挤开，说："我是妈妈，我也要煮饭。"

两个人推来推去，最后瑶瑶取走了灶台上另一口锅，拿走了蛋糕，默默地来到垫子上看书。阳阳看见了，放下书说："我们一起煮。"洛洛抱着兔娃娃走来说："来喂宝宝吃饭吧。""我是爸爸，应该我来。"阳阳抢过宝宝，坐在垫子上开始喂饭，瑶瑶翻了几页书，又把书放回楼梯上的书架里离开了。

曲桥落成记

故事二：稳健的曲桥

通过第一次的游戏讨论和再次参观后，孩子们开始第二次建构游戏。他们在图纸上设计自己想要搭建的样式。这一次，孩子们针对桥面窄、总倒塌的问题进行了建构调整和尝试。虫虫和岂岂选择了更长的积木作为桥面，选择了短积木作为桥墩，同时，缩短了曲桥的长度。加宽的桥面适合行人行走，一左一右的交替行走让桥面稳固些了。虫虫发现用作桥墩及桥面的积木数量不够了，"岂岂，没有长积木了怎么办？"虫虫问。"我们用这个试试。"岂岂拿出柜子中的薄积木说。岂岂将两块薄的单元块叠加在一起，平铺在桥墩上，用一些薄的积木为桥面做了围封。"快来！我们给曲桥加一层'防护层'，这样就不怕它倒塌啦！"只见岂岂正拿着一块块短积木放到桥面下边，虫虫说："我也来！这样加固一下就不怕它再倒下来了。"过了一会儿，曲桥的雏形就大功告成啦！岂岂走上新建成的曲桥，桥面宽了许多而且平稳，适合行走。只见孩子们一个个在上面走得不亦乐乎。

4. 故事要写出教师的支持、回应及引导

幼儿的游戏过程离不开教师的支持和引导，当幼儿遇到问题时，教师需要帮助幼儿认识到问题的性质、出现的原因和找到解决的方法；当幼儿沮丧时，教师需要用眼神、动作等鼓励、安慰幼儿；当幼儿经验零散难以提升时，教师需要提供材料、图示或通过区域后谈话来帮助幼儿梳理经验以发现新的问题等。为此，在撰写活动过程时，要写出教师在游戏过程中对幼儿在语言、材料、行为等方面的支持、回应及引导。例如，前述

"豆芽"的故事"故事二：带着'豆芽'去取钱"中，陈老师就撰写了"我蹲下来，一边安慰毛豆，一边启发毛豆思考……在我们的谈话中，新的游戏内容产生了——带婴儿外出要准备些什么……毛豆听得很认真"等内容，这就非常清楚地交代了陈老师自己对于毛豆的语言、行为的支持和引导。

5. 每个故事片段后要写上教师的思考

每个故事片段后教师的思考一定要具体，要有针对性，切忌泛泛而谈，套用空话，要对游戏中的行为表现进行具体分析。如果该片段只涉及幼儿自主探究的行为，那么就只需要对幼儿的行为进行思考，包括故事中体现的幼儿的学习品质，幼儿对于生活经验的迁移，幼儿行为反映的水平，幼儿遇到的问题和解决问题的方法及幼儿获得的新经验，等等。如果该片段还涉及教师的支持与引导，那么除了上述内容外，还要对教师的行为进行思考，包括其合理性、目的性及对游戏的助推或幼儿经验发展的作用等进行分析。例如，前述"豆芽"的故事中"故事二：带着'豆芽'去取钱"的教师思考部分，陈老师除了思考毛豆制作"婴儿背带"的过程外，还思考了自己在毛豆制作"婴儿背带"过程中的角色、作用及自己的所思所想，即教师在幼儿游戏的过程中要看到幼儿的需要，要及时对幼儿的需要做出回应，帮助幼儿实现原有认知经验重组和新经验的提升。

 小练笔 6-4

请扫码阅读"游戏活动案例（二）"中两个游戏活动案例"教师的思考"部分，分析并写出其合理和不合理之处。

游戏活动案例（二）

（三）分析与反思

分析与反思也可以写成活动特点及价值或活动反思。最后这一部分主要是呈现教师对于整个游戏活动组织和开展的分析与反思，包括分析和反思游戏活动的特点，幼儿获得的学习经验及游戏的发展价值，教师支持行为的效益，进一步教育的契机，等等。这部分的分析，突出针对性尤为重要，即需要紧扣和聚焦于游戏活动的闪光点进行分析，而不是泛泛而谈。教师自我行为的反思，宜以实事求是为原则，避免空洞的说辞。

 小练笔 6-5

请扫码阅读"游戏活动案例（三）"中三个游戏活动案例的"活动分析与反思"部分，分析三个案例从哪些方面进行"活动分析与反思"部分内容的撰写。

游戏活动案例（三）

综上所述，虽然幼儿园游戏活动案例文本的撰写需要讲究一定的规范及方法上的技巧，但是幼儿园优秀游戏活动案例一定是先做出来，再写出来的，其产生更取决于以下几点：第一，幼儿园对"以游戏为基本活动"教育原则的坚守；第二，教师儿童观和教育观等观念的真实转变；第三，教师平时辛苦实践的持续积累；第四，教师的专业理论素养；第五，教师的书写习惯和文学素养；第六，幼儿园的研讨和反复修改；第七，教师敢于反思和终身学习。正如习近平总书记在全国教育大会上所说，"教师是人类灵魂的工程师，是人类文明的传承者，承载着传播知识、传播思想、传播真理，塑造灵魂、塑造生命、塑造新人的时代重任"。作为一名幼儿园教师，要认识到当前游戏改革的历史使命，敢于担当，大胆实践，加强反思与学习，不断练习与改进，坚持学做合一，在不断思考、实践、撰写、修改、再思考、再实践、再撰写、再修改中学会幼儿园游戏活动案例的撰写，实现专业能力的发展，为我国的建设和发展培养更高质量的人才。

拓展资源：范例推荐

●参考阅读及范例推荐：

《中国教育报·学前周刊》——全国优秀游戏活动案例（10）｜疯狂建筑师（大班）

《中国教育报·学前周刊》——全国优秀游戏活动案例（9）｜墙面上的轨道滑梯

《中国教育报·学前周刊》——全国优秀游戏活动案例（8）｜我和影子玩游戏

《中国教育报·学前周刊》——全国优秀游戏活动案例（7）｜五月的风

《中国教育报·学前周刊》——全国优秀游戏活动案例（6）｜嘉阳的17次挑战（上）

《中国教育报·学前周刊》——全国优秀游戏活动案例（6）｜嘉阳的17次挑战（下）

《中国教育报·学前周刊》——全国优秀游戏活动案例（5）｜"豆芽"的故事

《中国教育报·学前周刊》——全国优秀游戏活动案例（4）｜中国旅行棋

拓展阅读

●教育部基础教育司.游戏·学习·发展：全国幼儿园优秀游戏活动案例选编[M].北京：人民教育出版社，2020.

●陈冠楠.释放幼儿的探究力量：幼儿园数学探究游戏活动案例与故事[M].北京：中国农业出版社，2020.

第七章　幼儿园课程故事的写作

 学习目标

1. 了解幼儿园课程故事的内涵和撰写的意义。
2. 掌握幼儿园课程故事撰写的写作框架和要求。
3. 运用所学知识评析幼儿园课程故事。

 思维导图

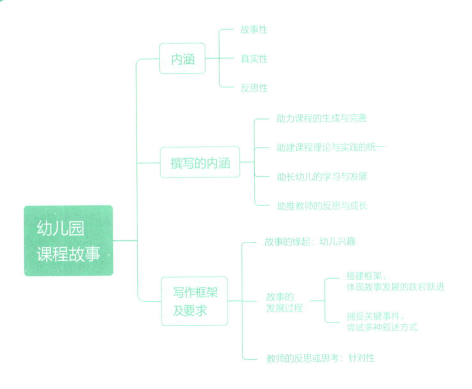

项目任务

请对课程故事《"纸"趣横生，不"纸"于此》进行评析，并尝试提出改进建议。

课程故事：
《"纸"趣横生，
不"纸"于此》

党的二十大报告指出，要"加快构建中国话语和中国叙事体系，讲好中国故事、传播好中国声音，展现可信、可爱、可敬的中国形象"，同时指出，"广泛践行社会主义核心价值观，弘扬以伟大建党精神为源头的中国共产党人精神谱系，用好红色资源，深入开展社会主义核心价值观宣传教育，深化爱国主义、集体主义、社会主义教育，着力培养担当民族复兴大任的时代新人"。为此，在幼儿园课程建设中，一定要根植我国本土文化资源，特别是红色资源，加强幼儿园课程开发与建设。而幼儿园课程故事既是幼儿园教师反思自身课程开发实践，讲述课程开发过程的重要手段，也是讲好中国课程改革实践故事的重要途径。

近年来，幼儿园课程建设中兴起了幼儿园教师讲述课程故事的活动，到底什么是幼儿园课程故事呢，为什么幼儿园教师要撰写课程故事呢；幼儿园课程故事的基本要素有哪些，撰写要点有哪些？为此，木章旨在阐述幼儿园课程故事的内涵和撰写的意义，希望通过本章内容的学习，帮助大家学会运用所学知识评析现有的幼儿园课程故事，更好地找准幼儿园课程故事撰写的方向。

一、幼儿园课程故事的内涵

人是天生的故事叙述者，而叙述故事是人理解事物、理解自己、理解他人、理解生活意义表现出的自然回应。故事，可以解释为旧事、旧业、花样等含义，同时，也是文学体裁的一种，侧重于事情过程的描述，强调情节的跌宕起伏，从而阐发道理或传达价值观。[1] 高小康认为，故事具备三个特点：过去时态、虚构性和人本意蕴。[2] 故事作为叙事之本，具有四个基本要素：主题、事件、人物和环境。[3] 主题是故事的意义所在，故事的关键在于意义的搭建，意义是故事存在的依据——故事主题要明晰，主线突出；事件是人物发出的，人的一切活动存在于一个又一个事件的发生与发展中——情节生动，有矛盾冲突，甚至跌宕起伏；人物（角色）是故事的关键要素，故事讲述的归根到底都是人（角色）的事，如果与人无任何关系，那就是一个自然事件而不是一个故事；自然环境和社会环境是人物及其发生的事件的背景，其故事的主题也必然受环境因素的影响。如《爷爷一定有办法》就是一个绘本故事，主题即爷爷一定有办法；事件为爷爷用巧思

---

① 耿莹莹.命题速编故事[M].郑州：河南大学出版社，2016：1.
② 高小康.人与故事：文学文化批判[M].上海：东方出版社，1993：10.
③ 蓝凡.叙事与故事：故事片的叙事哲学[J].文化艺术研究，2013，6（4）：86-93.

把孙子心爱的破毯子变成外套、背心、领带、手帕、纽扣；人物包括一个充满智慧、爱孙子的爷爷、小约瑟、妈妈；所处的环境是充满浓厚人情味的小镇和约瑟的家庭。

 核心观点7-1

　　故事作为叙事之本，具有四个基本要素：主题、事件、人物和环境。

　　在故事的基础上，幼儿园课程故事的内容不言而喻。一是故事，是一个有主题、事件、人物、环境的故事；二是课程的故事，即幼儿园教师在幼儿园课程实践中发生的故事。当前，许多研究者对幼儿园课程故事的内涵提出了宝贵的看法。

　　王凯认为，课程故事是教师的教学生活方式与历程，在这一过程中，教师以叙事的方式看待教学问题，践行自己的课程理想，促成自身教学经验的生长。[1]

　　李云淑认为，课程故事是"经验叙事"，是当事人在课程之旅——包括参与课程设计与开发、课程实施、课程评价与课程研究的过程中经历的真实往事、感受或体验，这种往事对当事人来说是有深刻印象的、比较重要或有个人意义的、值得与人分享或向人诉说的。[2]

　　卢素芳等提出，幼儿园课程故事是幼儿教师以讲故事的形式记录自己在教育实践中发生的真实、鲜活和发人深省的课程事件，表述自己在实践过程中的亲身经历、内心体验和对课程的理解感悟。[3]

　　舒婷婷等认为，幼儿园课程故事是幼儿园教师通过回忆、整理、归纳、筛选幼儿园课程实施中真实发生的有意义的课程事件，通过叙述表达一定的主题及反思而形成的故事。[4]

　　综上所述，幼儿园课程故事的叙述主体是幼儿园教师，叙述内容是教育实践中、课程实践中发生的真实事件，强调的是课程故事的反思性、重要性、价值感、可倾诉性和叙述性。为此，本书将幼儿园课程故事界定为幼儿园教师在课程实践中发生的真实的、发人深省的、值得诉说的课程事件。幼儿园课程故事至少具备以下三个基本条件：第一，故事性，即具备故事的基本要素，包括主题、事件、人物和环境，主题要明晰、情节要深刻而非过程的简单呈现，素材要筛选而非原始堆积；第二，真实性，即课程故事中的事件是课程实施中的真实事件而非虚构事件；第三，反思性，即课程故事包含教师的反思，能发人深省，可以反映实践者的实践智慧。

 核心观点7-2

　　幼儿园课程故事是指幼儿园课程实施过程中发生的故事，除了故事性外，还强

① 王凯.课程故事刍议[J].课程·教材·教法，2004（4）：8-13.
② 李云淑.幼儿园教育活动设计与实施[M].杭州：浙江大学出版社，2014：40.
③ 卢素芳，曹霞，唐翠萍.利用课程故事提升幼儿园教师的专业素养[J].学前教育研究，2017（12）：64-66.
④ 舒婷婷，王春燕.幼儿园课程故事审思：内涵、问题与对策[J].早期教育（教育科研），2020，958（4）：47-51.

调真实性和反思性。

议题讨论7-1

幼儿园课程故事的"主题"与幼儿园主题活动的"主题"一样吗？幼儿园课程故事、游戏活动案例与学习故事一样吗，三者之间有什么相同之处和不同之处？

案例7-1

大班课程故事：小鹦鹉皮皮

一、课程背景

班级的自然角开始布置啦！孩子们带来了很多小动物。泓铮带来了一只小鹦鹉，孩子们都很感兴趣，每天都会去看看它，并提出很多关于小鹦鹉的问题。

二、课程目标

● 通过观察和比较，幼儿知道鹦鹉有很多种类，并乐于和同伴交流。

● 能大胆画出鹦鹉的各种状态，展示并讲述自己的作品。

● 游戏中能让幼儿大胆地说出一句完整的话，并且学会尊重别人。

● 大胆想象，尝试用连贯、清楚的语言想象创编，激发幼儿爱护鸟类的情感和保护生态的意识。

三、课程网络图

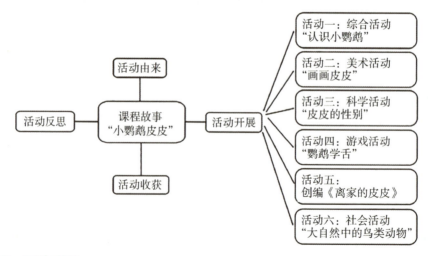

四、活动开展

（一）活动一：综合活动"认识小鹦鹉"

通过观察和比较，我们知道这只鹦鹉的名字叫虎皮鹦鹉，因为它身上的花纹就像老虎的皮一样。

"它整天被关在笼子里，好可怜啊！我们请余老师把小鹦鹉放出来，它会飞走吗？我们找个大点的地方让它出来活动活动吧！"

"哎呀，小鹦鹉一点都不怕我们，它肯定知道，我们都非常非常爱它。它好调皮啊，我们就喊他皮皮吧！"

（二）活动二：美术活动"画画皮皮"

让我们画一画皮皮吧！看看我们画笔下的皮皮！

（三）活动三：科学活动"皮皮的性别"

皮皮是男生还是女生呢？于是，我们开展了第三个活动。教师带幼儿查阅了资料，原来，想知道皮皮的性别，看它的鼻子就知道了！公鹦鹉的蜡膜是蓝色的，而母鹦鹉的蜡膜一般是白色的。由此可以看出，皮皮是一只雄性的虎皮鹦鹉！

（四）活动四：游戏活动"鹦鹉学舌"

皮皮有一项本领——鹦鹉学舌。教师带幼儿做"鹦鹉学舌"的游戏。通过这个游戏，幼儿知道：要想人家对自己有礼貌，自己就应先有礼貌。

现在皮皮已经能独自在外面活动了，它最喜欢的就是余老师。你看，余老师在写字的时候它也黏着他呢。它有时还会找我们班的小金鱼和小蝌蚪玩耍！它还喜欢小朋友，常常趁他们不注意的时候，飞到他们身上。有一天，孩子们找不到皮皮了。大家都很伤心，趴在窗子上喊着："皮皮，皮皮，快回来！"但是，皮皮到现在都没有回来。它在外面有地方睡觉吗？是不是找它的爸爸妈妈去了？它有东西吃吗？它交到好朋友了吗？

（五）活动五：创编《离家的皮皮》

幼儿猜测着皮皮"离家出走"的一切可能："它肯定去找妈妈了。""它肯定是出去找其他的小鸟玩了。""它会遇到一只猫，猫会吃了它的，怎么办？""是啊是啊，它会遇到很多危险。"大家你一言我一语地猜测着，并画下了他们的猜测。

（六）活动六：社会活动"大自然中的鸟类动物"

通过调查表，幼儿发现了身边更多的鸟类动物，并了解了保护鸟类的知识，激发了他们爱护大自然、保护生态环境、保护鸟类的情感。

活动延伸：搜集园内的资源站，将关于鸟类的书籍、资料等，投放到班级的各区域，支持幼儿的活动延伸。

五、课程评价

（一）活动收获

《3～6岁儿童学习与发展指南》指出："幼儿科学学习的核心是激发探究欲望，培养探究能力。"因此，成人要善于发现和保护幼儿的好奇心，充分利用自然和实际生活机会，引导幼儿通过观察、比较、操作、实验等方法，学会发现问题、分析问题和解决问题；帮助幼儿不断积累经验，并运用于新的学习活动，形成受益终身的学习方法和能力。现在的幼儿接触自然、接触自然中鸟类的机会越来越少，很多幼儿只有在花鸟市场上才能看到小鸟。因此，能在幼儿园班级的自然角中看到鹦鹉，幼儿自然欣喜万分，教师也及时抓住了这个教育的契机。在研究小鹦鹉的过程中，幼儿自己提出疑问并通过自己的努力去找到答案，同时，通过观察、比较发现了事物的特征，还学会了用自己的方法进行记录。

（二）反思和感悟

本次活动让幼儿积极主动地探索了自然界中的生命体，通过各种方式对小鹦鹉进行了研究和了解，并且学会发现问题、分析问题和解决问题，帮助他们不断地积累经验。在植物角的布置上，我们可以和幼儿讨论："你们想怎样布置，可以带来哪些植物和动物？"对于自己感兴趣的事物，幼儿会更加积极主动地进行探索，从而激发他们对科学的探索欲望。教师还会在区域游戏中继续延伸此课程，更加深入地激发幼儿保护自然、爱护鸟类的情感。

——N园教师撰写的课程故事节选

案例分析：从案例7-1可知，该教师抓住班级幼儿带来的小鹦鹉皮皮的教育契机，开展了一系列教学活动，并尝试撰写了课程故事。但是显然，该教师混淆了概念，把课程故事等同于主题活动实施回顾，且课程故事主题表达不清晰，将主题活动的"主题"等同于课程故事的"主题"。此外，该教师撰写的课程故事未清晰表达出核心思想观念，尽管该课程故事内容丰富，情节多样，但是在聆听和阅读后，不知通过整个课程故事的叙述该教师究竟想要表达什么，揭示的核心是什么。

二、幼儿园课程故事撰写的意义

幼儿园课程故事兴起的原因有二。一是同步于我国的基础教育课程改革，实施三级课程管理体制。虽然幼儿园没有三级课程的分类，但随着基础教育课程改革的推进，特别是2001年《幼儿园教育指导纲要（试行）》的颁布，幼儿园积极实践探索园本课程和班本课程的热情空前高涨，并且获得强有力的政策支持和专业引领，因而也涌现出大量开创性的课程故事。二是教育研究方法的叙事转向。幼儿园课程故事表现为更加符合生活语言风格的研究文本，有利于幼儿园教师、幼儿等人员参与课程实践的研究，可以将真实发生的实践以故事的形式进行描述，帮助教师重新审视课程实践中司空见惯的小事，真正看到这些小事中蕴含的教育价值，看到这些小事中幼儿通过持续学习获得的有益经验，能促使教师对幼儿的行为和课程开发的过程进行自主反思，有利于教师的专业发展。[①]由此可见，幼儿园课程故事撰写的意义表现为助力课程的生成与完善、助建课程理论与实践的统一、助长幼儿的学习与发展及助推教师的反思与成长等多重教育价值。

（一）助力课程的生成与完善

课程改革离不开特定的时代和环境，随着历史的发展和时代的需求，课程改革是永久的旋律。事物总是按照"否定之否定"的规律发展的，这不是简单的重复，而是由低

---

① 黄小莲.幼儿园课程发展的故事讲述：课程故事、学习故事、游戏故事[J].中国教育学刊，2022，352（8）：76-80.

级到高级的"螺旋式"上升。当前，我国的幼儿园课程仍过度强调让幼儿学习教材和教师预定的教学任务，过度重视知识和技能，而不尊重儿童自身的发展。[1]在课程开发的模式上，更倾向于将泰勒的目标模式应用于课程实践，缺乏对课程目标之外的、幼儿感兴趣的、隐含重要价值的、随机生成的活动的实践探究。而课程故事以幼儿的兴趣点为契机，注重活动的生成性及蕴含的丰富价值。通过撰写幼儿园课程故事，教师思考活动内容的实际价值、关注幼儿实际的经验生长和强化幼儿自主探究与深入学习的能动性，有利于当前幼儿园课程在预设与生成、结果与过程、学科知识学习与幼儿兴趣尊重、教师主导和幼儿主体之间的平衡，以助力当前幼儿园课程的改革。

（二）助建课程理论与实践的统一

有人认为，近20年中国幼儿教育改革内在的主要问题有三个：一是一种由上至下的改革，教育决策与教育实践脱节；二是一种教育理念的改革，教育理念和教育实践改革脱节；三是一种理想化的改革，教育改革与现实情况脱节。虽然从观念上确立了以儿童为本的主流教育思想，也强调教师对于课程开发的主体地位，但是仍存在"理论与实践相脱节"的问题。而课程故事作为叙事研究的一种形式，对课程实践进行凝练、反思、再凝练、再反思，基于本土本国的课程实践，丰富了课程理论的内涵，深化了对课程理论中涉及的概念系统的思考。在这一过程中，新的课程实践模式可能会生成，课程理论也可能被再创造或创生，因此说课程故事是课程理论的经验形式和源头活水，促进了课程理论和实践的交融。在课程故事撰写的过程中，教师在不断消解课程理论与实践的对立，重建二者的统一。

（三）助长幼儿的学习与发展

课程故事伴随一系列故事情节，详细记录和呈现出幼儿的表现、幼儿问题解决的探究过程、幼儿与教师的互动对话过程、幼儿及教师的所思所想等。在幼儿园课程故事撰写过程中，教师将现场与幼儿的互动、幼儿活动的视频或照片、幼儿的作品、获得的体验等经验材料加以真实地呈现。这些看得到和听得见的图像、声音与笔记等形式可以反映儿童成长的轨迹，不仅使儿童的记忆得到显著加强，也使儿童反省和集中注意的能力及做出解释的能力得到提升，还可以促进儿童对所学的一切产生新的及更深入的了解。可以说，课程故事保存了儿童的"成长史"，创造了尊重儿童自传故事的教室文化。此外，各类幼儿园课程发展故事的终极指向是促进幼儿的学习与发展。课程故事虽然叙述的是课程，反思的是教师自己的行为，但课程和教师发展都是"为了儿童的学习和发展"，让幼儿多方面的成长得以看见。

（四）助推教师的反思与成长

在课程故事的撰写与叙述中，幼儿园教师学习用理性的视角去审视感性的教育实践，去思考课程实践的起因、经过和结果，去思考是否抓住了幼儿的兴趣点，是否耐心倾听

---

① 朱家雄.幼儿园课程［M］.上海：华东师范大学出版社，2023：186-187.

幼儿的想法，是否巧妙地通过提问、提供材料等方式激起了幼儿对于兴趣点的自主思考、探讨、实验、探究、记录，是否积极支持并鼓励幼儿自主解决问题和面对失败，是否充分抓住教育契机进行有效的师幼互动，真正促进幼儿在深入学习的过程中获得有益的学习经验。课程故事的撰写和叙述使教师能理性审视自身的专业水平与专业实践活动，自觉地在工作中积极尝试"一把钥匙开一把锁"。^①在这一过程中，教师与幼儿共同建构课程，不断丰富自己对于课程的理解，不断实践课程的理论，直接或间接地实现自身教育态度、理念和教育行为的改变与发展，在不断反思中提升自身的专业素养和专业发展自觉性。

 核心观点7-3

幼儿园课程故事撰写的意义在于助推教师的专业发展，提升教师的课程意识和能力，具体表现为助力课程的生成与完善、助建课程理论与实践的统一、助长幼儿的学习与发展及助推教师的反思与成长等多重教育价值。

 小练笔7-1

扫描阅读课程故事《飞吧，鸽子》，运用所学知识，分析并陈述幼儿园教师撰写该课程故事的意义。

课程故事：
《飞吧，鸽子》

三、幼儿园课程故事的写作框架及要求

幼儿园课程故事撰写要讲清楚起承转合：开启、高潮、瓶颈、导引、瓶颈突破、问题解决的过程，时间、地点和有思考意义的对话等。故其一般格式为故事缘起到故事发展过程再到教师反思或思考几个部分。

（一）故事的缘起

幼儿园课程故事的开始一般来自某个或部分或大多数幼儿对于人、事、物的可能兴趣点。教师要抓住幼儿的兴趣点或了解幼儿的经验基础和需要，引导幼儿对事物进行初步讨论、观察、调查、记录和分享等。为此，这一部分的撰写主要向读者交代清楚背景、人物、幼儿的兴趣、幼儿面对感兴趣事物的行为表现或对话讨论、教师的引导和思考等，也可配上相应的图片或视频，更好地交代课程故事产生的背景。

---

① 卢素芳，曹霞，唐翠萍.利用课程故事提升幼儿园教师的专业自觉[J].学前教育研究，2017，276（12）：64-66.

案例7-2

小树小树，你别怕

故事缘起：一次发现　几分猜想

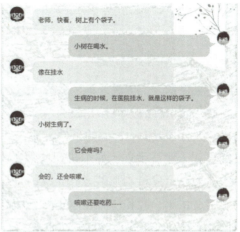

教师手记：

好奇心使幼儿关注到了树上的水袋，在与同伴的交流中，他们表达了自己对于"挂水""生病"的认知，并感同身受，对小树产生了怜悯之心。这是3～4岁幼儿"拟人性"思维特点。在这个过程中，教师只是作为忠实的听众，对他们的讨论表现出极大的兴趣和认可，从而推动幼儿的表达欲望。

（资料来源：江苏省靖江市第三实验幼儿园教育集团：
《小树小树，你别怕》，"早期教育"公众号2023年8月24日）

案例分析：从上述《小树小树，你别怕》的课程故事缘起部分可见，该故事写出了故事发展的缘由，是教师和幼儿一次偶然的发现——小树上挂着一个袋子，而这个现象成为幼儿的兴趣点，针对这一兴趣点，幼儿积极讨论猜测小树挂着袋子的原因。从幼儿的对话中，教师认识到幼儿充分调动了已有的生活经验，而且对小树产生了同理心，教师积极支持和认可幼儿的自由表达。

小练笔7-2

请评析幼儿园课程故事《你好，幼儿园》的故事缘起。

你好，幼儿园

故事缘起：

"我有一个小铃铛，金光闪闪的小铃铛，叮叮当，叮叮当……"伴随着小铃铛叮叮当当的声音，康巴什区第十幼儿园小六班迎来了和小可爱们的第一次见面，也开启了"你好，幼儿园"主题活动探索之旅。

从家里走到幼儿园，对于孩子来说是从"我"到"我们"的开始，是集体生活的开始，是同伴交往的开始，也是迈向社会生活的开始。

同幼儿在走走看看的过程中，捕捉他们看到的、听到的、想到的，用潜移默化的方式使幼儿逐渐与幼儿园的人、事、物建立起链接，在"慢生活"中感受生命的温度，体验丰富有趣的幼儿园生活，享受同伴交往的快乐，逐渐适应幼儿园生活。

（资料来源：康巴什区第十幼儿园：《你好，幼儿园》，"康巴什教育"公众号2023年2月2日）

（二）故事的发展过程

1.搭建框架，体现故事发展的跌宕跃进

幼儿园课程故事既然是发人深省的、留有深刻印象的、比较重要或有个人意义的、值得与人分享或向人诉说的事件，那么就意味着不是所有的事件都要面面俱到，更不是平铺直叙，浅显呈现。如中班课程故事《小兔子"跳跳"的房车旅行记》不是按照"第一次造房车，我和'跳跳'的第一次旅行；第二次造房车，我和'跳跳'的第二次旅行；第三次造房车，我和'跳跳'的第三次旅行"的次序进行课程故事的叙述，而是体现故事的情节性。一个完整的课程故事犹如一部电视连续剧，它由系列活动的过程性记录构成，活动与活动之间是环环相扣的，讲究跌宕起伏和层层递进，即呈现的是幼儿遇到问题、内省产生冲突、尝试利用多种方法解决问题，或又出现新问题、再去解决新问题的过程，在这一过程中，幼儿在不断地讨论、思考和探索中实现经验的拓展与提升。

为了体现故事的跌宕跃进，教师喜欢在写课程故事之前，先梳理、分析出一个框架。有了这个框架，后面撰写课程故事的大方向就不会偏，主体内容也会更加清晰。但是，需要注意两点：一是这个框架是教师在进行课程实践时反馈回顾、分析和总结出来的，而不是预先设置的；二是在故事的框架或小标题撰写的过程中，要体现教师如何引导幼儿"出现问题—解决问题—再次出现问题—再次解决问题……"，体现故事的层层递进，使得故事能引人入胜和发人深思。如案例7-3，在小班课程故事《小树小树，你别怕》中，幼儿经历了"小树生病了治疗思考—拥抱和送礼物表关心—礼物被淋湿和给礼物塑封—小树怕冷和给小树穿衣服"的过程。在该课程故事中，幼儿会不断遇到问题，提出方法，积极讨论，做出尝试，合作探究并传递了被爱的情感，传递了温暖。

 案例7-3

小树小树，你别怕

故事发展过程：

一个话题，多种可能（小树生病了怎么办——出现问题）

一次行动，多种收获（拥抱小树、给小树送礼物——解决问题）

一场意外，八方支援（一场夜雨，礼物淋湿了——再次出现问题，再次解决问题）

一份关怀，十分温暖（小树怕冷吗——再次出现问题，再次解决问题）

（资料来源：江苏省靖江市第三实验幼儿园教育集团：

《小树小树，你别怕》，"早期教育"公众号2023年8月24日）

此外，故事的层层递进还要注重每个小故事之间的过渡，交代故事之间的前因后果，交代一个故事过渡到另一个故事的契机。环节的过渡离不开教师的专业判断和支持，是教师对于幼儿兴趣和探究倾向做出的判断，包括幼儿已有的经验、可能获得的经验、资源的提供、问题的聚焦，以及对课程不断的反思、调整、跟进，然后通过提供材料、创设环境、提问等方式支持活动的开展。[①]但教师在写的过程中，可能为了重点突出幼儿的主动性，从而忽略教师的专业支持，导致最终以文本形式呈现时，看不到一个个小故事之间的发展过程及其中教师发挥的作用和价值。

2. 捕捉关键事件，尝试多种叙述方式

在课程开展过程中，会有很多小故事，每个小故事中又包含着幼儿诸多的行为表现，那是不是所有的小故事都能体现出教育价值，能推进课程的开展？所有幼儿的行为表现都能体现幼儿经验的提升？答案显然是否定的。因此，撰写课程故事时，教师要通过辨析，筛选出一些有价值、能体现主题的小故事，详略得当，着重选择和"深描"这些小故事中有突出价值的、有代表性的、有意义的或精彩的幼儿语言或行为，对幼儿行为进行分析和思考，包括：每个小故事中幼儿遇到了什么问题，产生了什么冲突；幼儿是怎么讨论这些问题的，是如何解决问题的；他们做了哪些尝试和探究，哪些成功了，哪些失败了，为什么会失败；幼儿从中获得了哪些经验？还可附上相对应的图片或视频，更直观地呈现课程实践的过程。当然，在这一过程中，教师或家长等人员做的支持和引导也可简略叙述，夹叙夹议，思考幼儿目前已有的经验水平、行为表现，教师或家长等人员给予的支持与帮助，将自己对课程事件的理解和反思插入相关的课程事件叙述当中。情节叙述中夹杂教师个性化的思考，能有效避免情节描述的枯燥性和教师议论的空泛性，使得课程故事更鲜明有趣。另外，教师还可以采用顺叙、倒叙、插叙、平叙、补叙等多样化的叙述方式，增加课程故事结构的丰富性。[②]在语言的表述上，要把课程故事写得生动、真实，能触动读者的心弦，激发读者的共情。

（三）教师的反思或思考

在课程故事撰写的文中或文末，教师需要对实际开展过的活动进行整体性反思，可以引用《幼儿园教育指导纲要（试行）》或《3～6岁儿童学习与发展指南》等政策为依据，但是切忌教师思考泛化、空洞，如在中班课程故事《我的蔬菜朋友》中，教师的课程反思是"生活经验是幼儿学习的源泉，挖掘幼儿生活经验是引导幼儿认识世界的重要途径，作为教师根据幼儿的兴趣推进项目也是一件极为开心的事情"[③]。教师的思考并没有结合

---

① 张莉.从编辑的视角谈幼儿园课程故事撰写[J].传媒论坛，2020，3（20）：90，92.

② 舒婷婷，王春燕.幼儿园课程故事审思：内涵、问题与对策[J].早期教育（教育科研），2020，958（4）：47-51.

③ 同②.

幼儿真实的发展及课程真实的教育价值进行，而是套用了一些空话，流于形式，难以体现教师深入反思课程事件的痕迹。

因此，教师的反思或思考务必有针对性，要针对这一故事中幼儿的行为表现、真实成长和教育价值进行具体叙述。其一，对幼儿进行思考：可以结合《幼儿园教育指导纲要（试行）》《3～6岁儿童学习与发展指南》评估幼儿的发展水平或获得的成长，关注幼儿在故事中获得的进步或仍存在的问题。其二，对课程契机进行思考：需要思考、找寻幼儿言行表现中潜在的闪光点与课程契机，不断生成新活动。其三，对自身进行思考：思考自身为幼儿提供的支持、参与幼儿活动的方式、对幼儿的提问与反馈是否适宜，审视问题出现的原因，阐述自己的思考与感悟。其四，对课程价值进行思考：思考此类活动深入开展的教育价值，更好地总结和升华。以上四点并非每个故事反思或思考部分都要涉及，而是可结合故事的具体内容进行灵活选择和撰写，凸显教师的真情实感和深入思考即可。

 案例 7-4

小树小树，你别怕

故事思考：一点想法，写于未满

大自然是活教材，本次活动起源于幼儿园里一棵生病的枇杷树，他们每天期待枇杷开花，用爱呵护小树，幼儿在最真实的实践和体验中，学会观察与发现，解决问题，克服困难。他们更是在照顾小树的过程中，迁移了被爱的情感，将温暖传递开去。或许自然的力量，并不止于认知，还在于我们与自然的情感连接。让自然滋养孩童的心灵，就如艾默生所说"培养好人的秘诀就是让他在大自然中生活"。初冬，我们邂逅了温暖，故事刚刚开始……

（资料来源：江苏省靖江市第三实验幼儿园教育集团：

《小树小树，你别怕》，"早期教育"公众号2023年8月24日）

案例分析：《小树小树，你别怕》课程故事的教师反思有针对性，源于教师的真情实感，主要关注了幼儿在课程中的进步和发展，关注了课程的价值。该教师对幼儿呵护小树的行为进行切实的思考，并在这一过程中发现了幼儿的成长，并具有温情地阐述了大自然作为活教材的价值，感悟到大自然的教育资源对于滋养幼儿心灵的宝贵价值。

 小练笔 7-3

请评析以下案例中大班幼儿园课程故事《大手牵小手，编出千千结》"教师的反思"部分。

幼儿的成长

我们惊喜地发现，幼儿在穿插、缠绕、打结等各种编织游戏中，不断发展着肌肉的灵活性与协调性，动手操作能力明显提高。在"发现织物—寻找织物—尝试编织—受挫—调整—继续尝试"等过程中，幼儿细心观察、耐心模仿，并在遇到问题时从逃避转向面对，学会互帮互助，解决问题。

教师的反思

编织不仅是一种游戏，还是一门综合艺术。我们应强调创造的过程，重视幼儿的情感体验与学习品质，而不能过于追求幼儿的创造结果，让幼儿在感受编织乐趣的同时获得自身能力的发展。

（资料来源：张洁培：《大手牵小手，编出千千结》，"杭州市星澜幼儿园"公众号2023年2月5日）

综上所述，幼儿园课程故事的撰写，虽然需要讲究一定的规范及技巧，但优秀的课程故事必然是教师长期实践出来的。课程故事作为一种叙事手段，不是告诉读者真理，而是提供给读者阅读思考的空间，让读者用自己的身心去感受、去体悟、去触碰。丁钢教授表示："如果叙事可以达到这样的境界，即不仅在讲述某个人物教育生活故事的过程中解释一系列复杂的教育场景与行为关系，而且'照亮'了某个人物在此教育场景中的'心灵颤动'，可以给读者一些精神震撼，那么这就是非常好的叙事了。"[1]由此可见，好的幼儿园课程故事源于教师对幼儿园课程理论的深入理解和长期实践，源于教师在教育实践中教育智慧的流露，源于对幼儿的尊重与支持，源于对课程价值持之以恒的探索。因此，一定要学好幼儿园课程的相关理论，并在实践中不断应用课程理论，多实践、多记录、多凝练、多反思、多交流，通过幼儿园课程故事的撰写提升自己课程实践的能力，只有顺应幼儿园课程改革的趋势，才能写好中国的课程改革故事。

拓展资源：范例推荐

●参考阅读及范例推荐：

《中国教育报：学前周刊》——走呀，去博物馆看国宝

《中国教育报：学前周刊》——一个支点的探索

《中国教育报：学前周刊》——木瓜大探索

《中国教育报：学前周刊》——谁先落地

《中国教育报：学前周刊》——我是社区小主人

《中国教育报：学前周刊》——斗草、晒草、争草，"拔草日"里欢乐多

《中国教育报：学前周刊》——"独一无二"的人体身份证

《中国教育报：学前周刊》——幼儿园里来了一只猫

《中国教育报：学前周刊》——调节情绪，我有妙招

---

[1] 周勇.教育叙事研究的理论追求：华东师范大学丁钢教授访谈[J].教育发展研究，2004（9）：56-60.

《中国教育报：学前周刊》——幼儿园里的石头

拓展资源：推荐阅读

●焦艳，等.我们的课程故事：儿童视角与适宜引导[M].北京：北京师范大学出版社，2021.

●张斌，虞永平.冻不住的好奇心探索[M].南京：南京师范大学出版社，2020.

●张斌，虞永平：成长的力量[M].南京：南京师范大学出版社，2020.

●张斌，虞永平：童心发现大自然[M].南京：南京师范大学出版社，2020.

●张斌，虞永平："童样"生活不同样[M].南京：南京师范大学出版社，2020.

●王春燕，等.幼儿园课程故事：支架教师的专业成长[M].北京：中国轻工业出版社，2023.

进阶发展篇

如果你想让教师的劳动能给教师带来快乐，使天天上课不致变成一种单调乏味的义务，那你就应当引导你的教师走上研究这条幸福之路上来。

——（苏）苏霍姆林斯基《给教师的建议》

第八章　幼儿教育科研课题申报书的写作

 学习目标

1. 了解幼儿教育科研课题的全过程及其申报书的含义与作用。
2. 清楚幼儿教育科研课题申报书的结构框架。
3. 熟悉幼儿教育科研课题申报书各部分的写作要求。
4. 能分析发现幼儿教育科研课题申报书存在的常见问题，并做出适当修改。

 思维导图

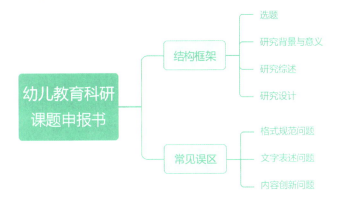

项目任务

请结合本章所学，分析案例课题申报书《幼儿足球园本课程建构的实践研究》（见本节文末）中存在的问题，并提出修改建议。

调查研究是做好各项工作的基本功。调查研究是谋事之基、成事之道，没有调查就没有发言权，没有调查就没有决策权。对于幼儿教育来说也是如此，面对形形色色的问题，只有秉持研究的态度，并经历调查的过程，方能使幼儿教育工作不断科学化、专业化。

一、幼儿教育科研课题的内涵与过程

无论幼儿园还是中小学乃至高校，因其（纵向）课题往往由同科研管理部门发布，所以相应的科研课题操作过程也都基本一致。以幼儿园为例，第一步，由各级教科所、教育学院、教育学会、教育局等部门发布科研课题申报通知，园所收到通知后向教师公布。第二步，园内教师个人或组建团队根据自身选题撰写申报书，经园内分管教科工作教师、园长审核后上报。第三步，由发布课题的部门组织专家评审，通常按比例择优筛选出部分课题予以立项并公示。第四步，获得课题立项的园内教师个人或团队开展研究，研究周期通常为一年。一般须在10个月左右完成研究实践及资料的收集，并在最后1～2个月在资料整理的基础上完成结题报告的撰写，继而提交课题管理部门。第五步，相关部门组织专家评审结题报告，对合格的予以结题，对不合格的要求重新修改或延期结题。此外，结题的科研课题随后可以申报本年度的教科研优秀成果奖。

由此可见，科研课题申报书，既是幼儿园教师针对某一幼儿教育研究问题向上级申请研究资格，以求获得批准或资助的一种文书，又是幼儿园教师把科研计划以书面形式表达出来的文本，用于证明申请者已准备充分可开始该课题的研究。

无论是手机上抢红包的前后顺序是否有区别，还是薯片掉地上能不能吃，其实生活中处处都有可用于调查研究的问题，而针对这些问题进行研究，并基于研究得到的证据获取结论，则至少在逻辑上相当于我们完成了一次科研。而对于每天从幼儿入园到离园全程参与、从集体教学活动到区域活动再到户外活动全方位关注的幼儿园教师而言，难点并不在于不易发现困惑与问题，而是如何将看似平凡的日常工作与所谓"高大上"的科研课题结合起来。图8-1提供了一种将工作过程中的事件转化为研究节点的思路。

作为工作过程：	作为研究过程：
在实际工作中发现问题	研究选题
在思考中得到解决问题的启示	研究假设
设想出一套解决问题的方法	研究设计
在实践中运用这些方法	研究过程
问题得到了解决	研究结果
写成反思或论文	成果发表

图8-1　从工作过程到研究过程

简而言之，因面向基础教育阶段一线教师的科研课题本就强调实践性而非前沿性或理论性，所以只要教师在日常教育教学实践中应用了"发现问题—分析问题—解决问题"这样的内在逻辑，就有可能将其转换为一次科研课题的研究实践。相应地，无论将研究的思路应用于课程建设、环境创设还是师幼互动、家园共育，都有助于提高自身教育教学的水平与质量。

 小练笔 8-1

请根据你以往在幼儿园见实习中的亲身经历或对园内教师的观察，尝试将工作中某个问题的解决过程转化为研究过程。

二、幼儿教育科研课题申报书的结构框架

科研课题申报书有相对固定的内容结构要求，各级、各类科研管理部门在发布课题申报通知时会附有模板，按照填写要求撰写即可。现以N市教育科研课题为例，介绍幼儿教育科研课题申报书的基本结构（如图8-2所示）。

> ● 研究课题的具体名称
>
> ● 提出申请的单位和个人的相关信息
>
> ● 选题的缘由或问题的提出（包括研究背景与意义）
>
> ● 研究综述（包括概念界定和国内外相关研究现状述评）
>
> ● 研究设计（包括研究目标、研究内容、研究对象、研究方法、研究创新点、研究时间进度安排或实施步骤等）
>
> ● 完成课题的可行性分析（包括已有研究基础和研究的人员、时间、物质等方面的保障）
>
> ● 预期研究成果及成果表现形式
>
> ● 经费预算

图8-2 N市教育科研课题申报书结构

由图8-2可见，科研课题申报书需要申请者撰写的一般有两个部分、八点内容。起始部分为基本信息，即图8-2中前两点内容，分别是课题名称和申请者身份信息。主体部分包含研究背景与意义、研究综述、研究设计、可行性分析、预期成果及经费预算共六点内容。如不涉及经费资助则只需要填写前五点内容。

基于此，撰写课题申报书的基本要求是按内容结构规范填写，避免答非所问，首次申报可以参照同行已立项的申报书进行借鉴与模仿。

议题讨论8-1

图8-3与图8-4分别是一份区级教育科研课题申报书和一份国家级教育科研课题申报书的结构，请与以上介绍的市级教科课题申报书的内容结构进行对比，分析不同级别的教科课题申报书在内容要求上有何不同？

> 1. 选题：选题的意义和价值，本课题国内外研究现状述评。
>
> 2. 内容：本课题研究的基本思路、主要内容、研究方法和重难点分析。
>
> 3. 预期价值：本课题理论创新程度或实际价值，成果可能去向。
>
> 4. 完成课题的可行性分析：为本课题研究已做的前期准备工作，课题负责人已有与本课题相关的研究成果和参考文献。

图8-3　N市Y区教育科研课题申报书结构

课题名称：

本表参照以下提纲撰写，要求逻辑清晰，主题突出，层次分明，内容翔实，排版清晰。除"研究基础"外，本表与《申请书》表四内容一致，总字数不超过7000字。

1. [选题依据] 国内外相关研究的学术史梳理及研究动态（略写）；本课题相对于已有研究的独到学术价值和应用价值等，特别是相对于全国教育科学规划已立同类项目的新进展。

2. [研究内容] 本课题的研究对象、框架思路、重点难点、主要目标、研究计划及其可行性等。（框架思路要列出研究提纲或目录）

3. [创新之处] 在学术思想、学术观点、研究方法等方面的特色和创新。

4. [预期成果] 成果形式、使用去向及预期社会效益等。（略写）

5. [研究基础] 课题负责人前期相关代表性研究成果、核心观点等。（略写）

6. [参考文献] 开展本课题研究的主要中外参考文献。（略写）

图8-4　全国教育科研课题申报书（活页）结构

（一）申报书选题的设计与表述

选题，顾名思义，是指课题研究者选取的要研究的题目。选题之于课题研究，就像题目之于作文、标题之于新闻，其重要性不言而喻。习近平总书记在科学家座谈会上讲道："科研选题是科技工作首先需要解决的问题。"爱因斯坦关于选题也有一段广为流传的话——仅仅是一个问题的形成就比它的解决更重要，因为它的解决可能只是个数学或实验技巧的问题。而要提出新的疑问、新的可能性，从新的视角审视旧的问题，则需要有创造性的想象力，并且标志着科学的真正进步。

无独有偶，从教育研究领域最权威的全国教育科学规划课题评审意见表（见表8-1）可以发现，选题占整个课题评审权重的30%。其他各级、各类的教育研究课题评审也与之类似，由于申报书的主干内容都围绕选题展开，评审者往往从选题即可判断该课题的质量，选题的高下基本也就决定了课题申报的成败。

表8-1　全国教育科学规划课题评审意见表

评价指标	权重	指标说明	专家评分							
选题	3	主要考察选题的学术价值或应用价值，对国内外研究状况的总体把握程度	10分	9分	8分	7分	6分	5分	4分	3分
论证	5	主要考察研究内容、基本观点、研究思路、研究方法、创新之处	10分	9分	8分	7分	6分	5分	4分	3分
研究基础	2	主要考察课题负责人的研究积累和成果	10分	9分	8分	7分	6分	5分	4分	3分
综合评价	是否建议入围		A.建议入围　　B.不建议入围							
备注										
评审专家（签章）：										

　　然而，对于首次进行课题研究的幼儿教师来说，常常容易将选题和相近"问题""主题"混淆。以"幼儿入园焦虑"为例进行辨析，从工作角度来看，它是指常见于幼儿初次入园及幼儿寒暑假后新学期入园心理焦虑的一种现象。从研究角度来看，它是指学前教育研究中的一个领域，因此可将其视为一个主题，其下包含许多具体的研究子领域，比如，现状、原因、策略等。而将这个主题细化为"如何缓解幼儿入园焦虑"，就形成了一个研究问题。但该问题如何解决、借助什么视角或理论，尚待明确。当研究者将研究的对象、方法等诸多细节予以明确，例如，提出"通过梯度入园缓解幼儿入园焦虑的行动研究"，就产生了一个研究选题。简而言之，从主题到问题再到选题，是一个不断具体化、清晰化、可操作化的过程。

　　一般来说，课题申报书选题常表述为一个包含研究对象、研究内容/问题、研究方法的不超过20字的短语，如"小班幼儿午睡状况观察研究"或"幼儿午睡状况观察研究——以×××幼儿园小班为例"。选题表述的常见问题有两类：一是基本要素缺失或过于宽泛，比如，文学化、口号式的"家园携手抗疫情，云端互动共陪伴应用研究"，又如，过于简略的"幼儿创造性培养研究"都属此类问题；二是要素过多、过于分散，比如"基于儿童视角下性侵性虐防范的针对小班幼儿性教育开展情况的调查研究"。

　　研究选题从何而来？课题研究经验尚不丰富的幼儿教师常因此困扰。一方面，应当先根据当地教科管理部门发布的立项或评奖课题文件，对优秀课题选题进行分析、借鉴，从而归纳优秀选题须具备的要点。例如，表8-2的三个选题取自N市2020年教科规划课题的立项公示文件。通过分析可发现，首先，三个选题都清楚明了，即可从选题中找到要解决的问题、研究对象、研究方法等其他关键信息；其次，三个选题都立足本园实际，即指向本园的具体情况、解决本园的现实问题；最后，三个选题均有创新点、亮点，有的是教改新趋势，有的是政策新热点。

表8-2 N市2020年教科规划立项课题摘选

序号	课题名称
1	浸润式体验活动促进幼儿社会性认知的实践研究
2	设计思维下幼儿园"城市公园"主题活动迭代段实践研究
3	指向幼儿深度学习的"绘本工坊游戏"的创设与实践研究

另一方面，可从如下方面思考和发掘选题。一是取材自教育教学实践。幼儿园教师每天在园内会遇到各种各样的问题，即使下班了也要处理很多来自家长的求助或反馈，以至于私下幼儿教师常把自己比作"救火队员"。因此，日常的工作实践就是产生选题最"肥沃的土壤"，例如，家长的一句抱怨——"老师，你给我们家长回个信息就这么难吗"，就可以转化为一个家园共育、家园联系沟通方面的选题。二是取材自专业培训、研修，阅读的专业书籍或论文甚至学生时代的专业课。例如，当工作所在幼儿园想引入蒙氏的理念与教具，那么在校期间若选修过蒙台梭利教学法，就可以思考"蒙台梭利教学法的园本化探索"相关选题。又如，近期参加了"马赛克方法"培训，又对环境创设比较感兴趣，就可思考"基于马赛克方法的儿童参与环境创设"相关选题。三是取材自新政策、新趋势、新热点，如劳动教育、儿童友好、托幼一体化、课程游戏化、《保教质量评估指标》、《家庭教育促进法》、《学前教育法（草案）》等。

 小练笔8-2

两位新入职的幼儿园教师想申报本年度的区教科课题，以下是他们各自拟定的选题，请根据所学帮助他们优化选题。

a. 浅谈在泥塑活动中发展幼儿的创新能力

b. 稻草在农村幼儿园中运用的实践研究

（二）研究背景与意义的撰写

研究背景与意义（有的申报书也称为"选题的缘由""问题的提出"），往往是课题申报书正文的第一部分。此部分内容的要求一般是开门见山、短小精悍，往往字数在300~500字。具体而言，研究背景须从两个方面展开，一是结合党和国家相关政策、教育发展趋势、社会热点现象，二是立足本园、本班或教师自身实际提出问题。研究意义一般从解决上述问题的重要性和必要性展开，要求如实估计研究可能发挥的作用，常见的作用有：对幼儿身心成长的作用、对教师专业发展的作用、对园所办园质量及品牌打造的作用。

 **案例8-1**

一、研究的背景

（一）响应国家发展幼儿足球事业的号召

近年来，随着国家对青少年体能的不断重视，足球课程作为学校体育发展和综合改革的创新示范项目，成为体育课程改革的先头兵。2014年底，国务院召开了全国青少年校园足球工作会议，明确由教育部正式牵头负责校园足球工作，随后相继出台的《关于加快发展青少年校园足球的实施意见》《全国青少年校园足球教学指南（试行）》《学生足球运动技能等级评定标准（试行）》等系列文件进一步推进了校园足球的发展，以及足球课程的完善，使校园足球的课程内容与等级评定从无到有，从无序到有序。2019年3月，教育部决定开展足球特色幼儿园试点工作，这是继足球特色学校后校园足球向下延伸迈出的关键一步。计划到2025年，全国范围内，共确定包括幼儿园在内的5万所全国青少年校园足球特色学校。紧紧抓住3~6岁幼儿的运动兴趣、习惯、认知和技能产生发展的关键期，尊重规律，以游戏、兴趣为主，建构幼儿足球的科学课程体系，是响应党中央与国家体育总局的号召，培养我国足球后备人才事业的重要举措。

（二）足球课程对促进幼儿全面发展的教育价值

足球作为体育活动具有强烈的趣味性，不仅能吸引幼儿，而且在游戏的过程中对促进幼儿核心素养发展有着积极的作用。一是促进幼儿智力发展。幼儿的足球运动多数以游戏的方式进行，游戏的过程中幼儿能通过观察、记忆、想象、思考、判断等对同伴传递过来的球做出相对应的动作反馈，从而促进幼儿的智力发展。在具体幼儿园教学实践中，也可以增加躲避、对战、多种动作完成比赛的方式，丰富游戏设计，引发幼儿思考与观察。二是增强幼儿身体素质。足球活动结合跑步、传球、射球等多种活动，有利于幼儿大小动作的发展和骨骼发育，增强肌肉发育，增加韧带柔韧力量，提高关节的协调性，减少运动伤害的发生。三是帮助幼儿社会化。足球游戏是一项集体运动游戏，幼儿在参与游戏的过程中，无法单独作战，而是需要与小伙伴组成团队，进行沟通与合作。在此期间，他们对游戏进行理解，需要进行分工、沟通、协调安排。当遇到失利时，团队之间可以进行分析，进行能力位置的再分配，进行团队鼓励与朋辈支持。在游戏过程中幼儿的团队合作意识、沟通能力、抗压能力、意志力、责任感等方面，都会得到体验与锻炼，能更好地帮助幼儿社会化。

（三）建构园本课程的必然需求

虞永平教授指出："幼儿园课程展开及建构的过程，就是幼儿活动和生活的过程，也必然使儿童成长的过程。"为了深化我园园本课程建设，同时贯彻《幼儿园教育指导纲要（试行）》中指出的"城乡各类幼儿园都应从实际出发，因地制宜地实施素质教育，为幼儿一生的发展打好基础"，我们对幼儿园的实际情况进行了深入分析：

我园有近5000平方米的户外场地和一个专用的足球场及充足的足球器械，师资方面外聘有两位专职的足球教练和一批热爱运动的女教师。定期开展园内足球技能培训和教师足球比赛。每日保证幼儿两个小时的户外活动时间，把足球纳入幼儿每日户外自主活动必备内容，由专门的教师组织幼儿在训练场上活动，做到面向全体，幼儿人人参与。此外，我园于2019年9月开始开展幼儿足球活动的实践和研究，旨在通过足球活动，培养幼儿的运动兴趣和综合运动能力，增强幼儿体质，提高幼儿动作的协调性和灵活性，以及大胆、自信、勇敢的个性心理品质，促进幼儿身心和谐发展。得天独厚的地理条件和前期对足球课程开展的研究都为本课题的完成打下了深厚的基础。

二、研究的意义

（一）理论意义

本课题立足幼儿园实际需求，结合学前教育新课程改革和发展的需要，依据学前儿童的生理与心理特征，构建并实施包括课程目标、课程内容、课程实施及课程评价在内的课程理论体系，适合当代幼儿发展需求，为教育工作者更好地开展足球课程提供了值得借鉴的理论指导。

（二）实践意义

足球作为幼儿喜爱的体育活动与幼儿五大领域的核心经验息息相关，应该成为幼儿园重要的课程资源之一并加以利用，建构并实施以足球为主题的园本课程有利于指导幼儿园教育教学实践工作。此外，建构实施课程的过程也是教师整合教育资源、创新教学方法、提升自身教学能力的过程，因此本课题能进一步增进教师对课程的认识和对幼儿教育的理解，是培养反思创新型教师队伍的一条有效途径。

（资料来源：宁波市慈溪市浒山街道中心幼儿园课题文本）

案例分析： 案例8-1研究背景与意义取自一份聚焦幼儿足球课程的课题申报书，背景方面从国家相关政策、足球运动与足球游戏对幼儿的影响、园本课程建设三个角度展开，为本园开展幼儿足球课程的重要性与必要性进行背书。但研究意义写得相对宽泛，不够聚焦。由于足球课程在幼儿园特色课程建设方面属于相对较新的探索，因此该课程本身对于丰富幼儿园球类课程甚至运动类课程理论与实践都有促进作用，实践意义还可从本园教师的课程建设能力，特别是足球活动、足球游戏的设计与组织实施能力方面，幼儿的运动能力、动商等方面，园所品牌打造等方面进行深入思考。

（三）研究综述的撰写

研究综述（有的申报书也称为"研究述评、国内外研究综述"），是指搜集、梳理与本课题相关的研究，并对其进行综合分析、比较与归纳，从而形成对已有研究的进展、不足及启示等方面的基本结论，进而为本研究的设计提供依据。虽然研究综述在申报书的文本结构上是在选题之后，但从研究步骤来看，研究文献这项工作应与选题的设计同时进行，严格来说，没有文献支撑的选题只是经验性的，因此应在选题的大致方向形成后就开始文献的查阅，进而明确选题的具体设计，详见图8-5。

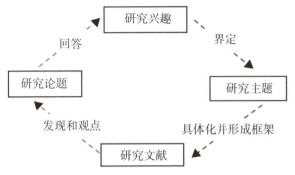

图8-5　研究综述在课题研究中的位置

当选题已经明确时，对相关文献的梳理和总结应着力回答三个问题：一是研究本课题有何价值；二是前人的研究可以整理为哪几个部分，分别有何价值和启示；三是前人尚待完善之处有哪些，比如，尚未应用过的理论或视角、尚未使用过的方法、尚未考虑到的因素等。但在具体写法上可灵活调整，比如，当某一选题相关研究已经比较充分时，则可聚焦已有研究的不足之处；而当某一选题较新时，则可详述其创新性等价值。

值得注意的是，如果该研究的核心概念尚无权威的界定，则须首先介绍关于此概念目前有哪几种理解，本研究持有哪种理解及为何如此理解。简而言之，研究综述旨在证明：本课题研究可以并应当接入主流研究网络。

 案例8-2

三、课题国内外研究现状述评

本课题将立足于Z幼儿园，围绕"农村幼儿园自然体验课程开发与实践"这一主题，探讨"如何构建农村幼儿园自然体验课程开发的理论体系"、"幼儿园各学段自然体验课程的特点及开发"及"如何在预设理论框架下结合实践对课程实施进行诊断和完善"等问题。围绕这些问题，通过对国内外相关文献的分析和梳理，得出以下基本观点。

1. 幼儿园课程领域对自然体验的研究理论缺乏

Martin Gardner认为，幼儿主要通过观察自然环境获得发展，这与成人与自然环境的关系是不同的，幼儿与自然环境有着独特而紧密的联系，而成人却忽视了幼儿发展与自然环境的关系。Hyun和Eunsook也指出，儿童在认识和理解自然上有着不同于成人智力文化的方式，儿童对自然知识的建构会贯穿于其一生的发展中。如果忽视幼儿对大自然的兴趣，甚至泯灭幼儿对世间万物的好奇心，限制幼儿主动探索的需求，最后就会削弱幼儿认知能力和社会情感的发展。我国刘晓东教授也认为，

"儿童是自然之子"，儿童是自然的造化，教育者必须尊崇人性，尊重人的身心发展规律。此外，众多学者纷纷基于不同视角论述了幼儿园课程贴近自然的重要性。

但总体来讲，在幼儿园教育领域中对自然体验课程系统开发的研究甚少，幼儿园自然体验课程开发的理论层次欠缺，专门论述很少，而且比较零散，缺乏整合，故而系统的理论构建与实践研究势在必行。

2. 现行的幼儿园教育对幼儿发展的重要性关注度偏低

随着知识经济时代的到来，社会对人才的需求产生了变化，教育领域也渐渐转变以知识为中心的价值追求为对创新能力和自主能力人才培养的价值追求。这种价值观念的转变体现在教育领域中自然教育思想的追随，然而在幼儿园教育领域中对课程贯彻自然研究的较少。

丁海东教授认为，儿童是一种独立的存在，不同于成人，儿童有着自己的精神世界。学者侯莉敏指出，幼儿在教育生活中过着一种没有快乐、没有游戏的生活，幼儿在教育中受到的是压抑和剥夺，幼儿讨厌学习和上学。幼儿在发展中找不到自己的位置和生活乐趣，为此我们应重新认识和理解幼儿及其生活与教育，让幼儿教育富有生活意义和生命价值。原晋霞指出，亲近自然、探索自然是幼儿的天性。失去了自然，童年也就失去了最重要的特质。由此可知，幼儿园课程关注幼儿的发展，关注幼儿的天性，才能真正成为幼儿探索自然、体验自然的课程。

3. 专门针对农村幼儿园系统课程开发和利用的研究极少

在《幼儿园教育指导纲要（试行）》背景下，探讨城市幼儿园课程理论和实践的成果很多，而对农村幼儿园的课程从目标、内容、组织、实施到跟踪评估进行系统研究的甚少，能透过肌肤触及筋骨的农村幼儿园课程研究更是寥寥无几。

当然，近几年也有学者逐渐关注农村幼儿园课程开发，认为课程资源开发不仅在于形成具有地方特色的园本课程，使幼儿园课程乡土化、个性化和多样化，从而有利于扩展幼儿的生活和学习空间，使幼儿园课程进一步贴近社会现实、贴近生活、贴近大自然，而且使幼儿在受到情感陶冶的同时，增强对自然与社会的感知和理解，有利于促进家庭与社区对幼儿园教育的参与，丰富幼儿园课程内容。但总体来讲，关于农村幼儿园课程资源开发与利用的研究很少，而且实践不多，对课程资源开发与利用的挖掘不够深入。

综上所述，本课题将基于农村幼儿园自然体验课程理论框架的建构、课程实践运行与跟踪评估及对各学段自然体验课程的诊断和完善，旨在系统、科学地开发农村幼儿园自然体验课程，使农村幼儿园充分利用得天独厚的自然条件，让幼儿在亲近自然、探索自然的过程中萌发对自然的热爱之情，最终获得身心的全面、健康发展。

（资料来源：宁波市海曙区章水镇中心幼儿园课题文本）

案例分析： 案例8-2研究综述取自一份聚焦自然体验课程建设的课题申报书，因该主题相关研究比较丰富，所以直接在起始段抛出想要通过文献解决的三个子问题，然后以梳理出的三方面不足之处进行详细介绍，从而展现了一份与选题结合度高、问题意识强的研究综述。

（四）研究设计的撰写

研究设计通常包括研究目标、研究内容、研究对象、研究方法、研究创新点、研究时间进度安排或实施步骤等内容。

研究设计的重点在于明确研究目标并据此科学、合理地分解出研究内容。如果选题已经确定，那么研究的总目标、主问题也就自然产生。研究目标是指通过本课题的研究要提出什么观点、形成什么对策、建立什么机制等。例如，选题"恐吓教育对幼儿影响的个案研究"，研究目标即通过个案呈现和阐释恐吓教育对幼儿有哪些影响。但由研究目标分解出研究内容则因题而异，比如，聚焦幼儿园园本课程建设的课题常将研究内容分解为课程理念、课程目标、课程内容、课程实施、课程评价等部分，聚焦策略的课题常将研究内容分解为现状调查、问题梳理、原因分析、策略提出等部分。由于研究周期与水平的客观限制，一年周期、个人课题的研究内容一般为2～3个部分，两年及以上周期、团队课题的研究内容一般为3～5个部分。

研究设计的难点在于厘清研究对象与研究方法的关系，幼儿教育科研课题中研究对象常见的有幼儿、教师、家长、相关文献、相关作品，研究方法常用的有文献法、观察法、访谈法、问卷法、实物分析法、实验法、案例法等。一项研究往往是面向多类研究对象的多种研究方法的综合运用。因此，在研究设计的具体介绍中，研究对象至少要明确抽样还是总体，研究方法也要介绍如何使用。研究设计中考虑问题不周全、研究思路不清晰、采用的研究方法不恰当等，都会造成课题研究过程中不好操作、研究出不来结果。因此，应反复构思，使研究设计尽量科学、合理、缜密。例如，文献法应介绍在何文献平台、以怎样的检索方式、梳理哪几方面文献；问卷法应介绍问卷如何编制/改编/借鉴采用，如何发放与回收，哪些人填答，如何分析。案例8-3是《"安吉游戏"背景下幼儿游戏中教师介入策略的研究——基于新手型教师与熟手型教师的比较》的访谈法样例。

 案例8-3

本研究暂且将新手型教师界定为处在专业成长阶段初期，能基本胜任幼儿园日常教育任务，教龄不超过三年的幼儿园教师。通过访谈法与幼儿园中班段6位新手型教师与4位熟手型教师进行一对一交流。访谈过程中主要围绕10个问题展开（访谈提纲见附录二）。在获取资料后，通过研究新手型教师与熟手型教师的介入情况，并分析两者介入的异同，帮助新手型教师积累经验，知道一些情况下熟手型教师是如何介入或为什么选择放手的，等等，促进新手型教师的成长，并且根据现实的例子探究教师介入与幼儿游戏的关系，并为教师介入提供相对应的策略，促进教师教学水平提升的同时发展幼儿。

——摘自N校2020级某学生毕业论文开题报告

值得注意的是，常见于一线教师申报书研究方法部分的行动研究，并不是一种具体研究方法，而是一种研究取向，因为行动研究中也可以使用各种研究方法，且没有相对固定的范式，广义而言，一线幼儿园教师进行的研究往往都属于行动研究。同样常常被提及的调查法，其实是一类研究方法，无论问卷、访谈还是观察都属于这类，因此应当明确列出采用了哪种调查法然后具体介绍。

 小练笔8-3

请结合所学，分析下面这份申报书中研究方法的不当之处，并进行适当修改。

五、研究方法

（1）调查研究法。通过微信文档小程序、微信视频了解幼儿、家长、祖辈在家情况，并针对不同的家庭状况进行及时分析和采取适宜、有效的措施。

（2）文献研究法。通过查阅、研究有关文献资料、网络媒体等，了解有关家园指导互动形式开展的相关资料。更新教育观念，指导课题研究工作。提炼理性的认识，寻找理论支撑，获得经验借鉴。

（3）行动研究法。把课题研究与教学实践活动有机结合，在活动中研究，在研究中行动。加强各方的互相联系，调动各方参与研究的积极性，在多方互动中优化研究。

（4）案例研究法。针对疫情期间孩子与父母同居、孩子与祖辈同居等不同的现状案例进行剖析，总结成功的指导互动方法，分析存在的不足，以便有效地调整研究策略。

（5）经验总结法。通过对各阶段研究工作的回顾和反思，及时总结经验和不足，为后续工作的顺利开展打好基础，补充完善家园指导互动的有关理论，初步形成"特殊时期"家校指导互动的基本模式。

——摘自N校2020级某学生毕业论文开题报告

三、幼儿教育科研课题申报书的常见误区

（一）格式规范问题

依照申报书的提示进行撰写是对课题申报者的最低要求，而不合规范也是初次申报的教师与课题立项失之交臂最常见的原因。格式规范常体现在如下方面。一是字数要求，目前各级各类科研课题往往都有字数上限要求，内容上应力求表述简洁，各部分内容不重复；形式上可通过图表替换等方式进行灵活调整。二是排版要求，无论字体、字号还是行距或缩进，都应严格遵照申报书规范，不可增删结构内容或改变其顺序。以细节的清晰、美观体现申报者的严谨与认真。三是学术规范要求，比如，申报书中凡是引自其

他研究者的都应以脚注或尾注标注出来，参考文献的格式应符合规范等。

（二）文字表述问题

申报书作为一种书面表达，首先应避免出现口语化表达。同时，申报书还是科研文体，应用专业术语进行表达，避免出现文学化表达。例如，某课题申报书中研究背景部分有如下表述："我园地处 N 市新区，大部分幼儿家长来自五湖四海，他们的文化底蕴高低不等，在和家长、祖辈、幼儿的互动指导中面临的困难与问题是众多本区域幼儿园共性存在的问题。"可利用"流动人口""生源""受教育程度""家园共育"等术语使表达更加规范、精准。

（三）内容创新问题

作为一线教育工作者，试图全方位创新是不切实际的，也是没有必要的。曾有实验表明，课题申报书并非创新之处越多就越能获得评审专家的认可，评审专家打分最低的恰是想法全新的计划，而最容易获得认可的，是在专家已知的研究基础上进行改良创新的研究计划。[1] 相比已有研究应具备一个或若干个创新点，否则便容易被认为缺乏研究价值，从而难以立项。创新点可从如下方面思考：研究问题本身的新意、研究视角的新意、研究方法（工具）的新意、研究对象的新意等。

项目任务案例

课题名称	幼儿足球园本课程建构的实践研究					
单　位	宁波市慈溪市浒山街道中心幼儿园					
课题承担人情况	姓名	性别	工作单位	职务、职称	课题组分工	联系电话
研究的背景及意义	一、研究的背景 （一）响应国家发展幼儿足球事业的号召 近年来，随着国家对青少年体能的不断重视，足球课程作为学校体育发展和综合改革的创新示范项目，成为体育课程改革的先头兵。2014年底，国务院召开了全国青少年校园足球工作会议，明确由教育部正式牵头负责校园足球工作，随后相继出台的《关于加快发展青少年校园足球的实施意见》《全国青少年校园足球教学指南（试行）》《学生足球运动技能等级评定标准（试行）》等系列文件进一步推进了校园足球的发展，以及足球课程的完善，使校园足球的课程内容与等级评定从无到有，从无序到有序。2019年3月，教育部决定开展足球特色幼儿园试点工作，这是继足球特色学校后校园足球向下延伸迈出的关键一步。计划到2025年，全国范围内，共确定包括幼儿园在内的5万所全国青少年校园足球特色学校。紧紧抓住3～6岁幼儿的运动兴趣、习惯、认知和技能产生发展的关键期，尊重规律，以游戏、兴趣为主，建构幼儿足球的科学课程体系，是响应党中央与国家体育总局的号召，培养我国足球后备人才事业的重要举措					

---

[1] 津巴多，利佩.态度改变与社会影响[M].邓羽，肖莉，等译.刘力，审校.北京：人民邮电出版社，2007.

研究的背景及意义	（二）足球课程对促进幼儿全面发展的教育价值 足球作为体育活动具有强烈的趣味性，不仅能吸引幼儿，而且在游戏的过程中对促进幼儿核心素养发展有着积极的作用。一是促进幼儿智力发展。幼儿的足球运动多数以游戏的方式进行，在游戏的过程中幼儿能通过观察、记忆、想象、思考、判断等对同伴传递过来的球做出相对应的动作反馈，从而促进幼儿的智力发展。在具体幼儿园教学实践中，也可以增加躲避、对战、多种动作完成比赛的方式，丰富游戏设计，引发幼儿思考与观察。二是增强幼儿身体素质。足球活动结合跑步、传球、射球等多种活动，有利于幼儿大小动作的发展和骨骼发育，增强肌肉发育，增加韧带柔韧力量，提高关节的协调性，减少运动伤害的发生。三是帮助幼儿社会化。足球游戏是一项集体运动游戏，幼儿在参与游戏过程中，无法单独作战，而是需要与小伙伴组成团队，进行沟通与合作。在此期间，他们对游戏进行理解，需要进行分工、沟通、协调安排。当遇到失利时，团队之间可以进行分析，进行能力位置的再分配，进行团队鼓励与朋辈支持。游戏过程中幼儿的团队合作意识、沟通能力、抗压能力、意志力、责任感等方面，都会得到体验与锻炼，能更好地帮助幼儿社会化 （三）建构园本课程的必然需求 虞永平教授指出："幼儿园课程展开及建构的过程，就是幼儿活动和生活的过程，也必然使儿童成长的过程。"为了深化我园园本课程建设，同时贯彻《幼儿园教育指导纲要（试行）》中指出的"城乡各类幼儿园都应从实际出发，因地制宜地实施素质教育，为幼儿一生的发展打好基础"，我们对幼儿园的实际情况进行了深入分析：我园有近5000平方米的户外场地和一个专用的足球场及充足的足球器械，师资方面外聘有两位专职的足球教练和一批热爱运动的女教师。定期开展园内足球技能培训和教师足球比赛。每日保证幼儿两个小时的户外活动时间，把足球纳入幼儿每日户外自主活动必备内容，由专门的教师组织幼儿在训练场上活动，做到面向全体，幼儿人人参与。此外，我园于2019年9月开始开展幼儿足球活动的实践和研究，旨在通过足球活动，培养幼儿的运动兴趣和综合运动能力，增强体质，提高幼儿动作的协调性和灵活性，以及大胆、自信、勇敢的个性心理品质，促进幼儿身心和谐发展。得天独厚的地理条件和前期对足球课程开展的研究都为本课题的完成打下了深厚的基础 二、研究的意义 （一）理论意义 本课题立足幼儿园实际需求，结合学前教育新课程改革和发展的需要，依据学前儿童的生理与心理特征，构建并实施包括课程目标、课程内容、课程实施及课程评价在内的课程理论体系，适合当代幼儿发展需求，为教育工作者更好地开展足球课程提供了值得借鉴的理论指导 （二）实践意义 足球作为幼儿喜爱的体育活动与幼儿五大领域的核心经验息息相关，应该成为幼儿园重要的课程资源之一并加以利用，建构并实施以足球为主题的园本课程有利于指导幼儿园教育教学实践工作。此外，建构实施课程的过程也是教师整合教育资源、创新教学方法、提升自身教学能力的过程，因此本课题能进一步增进教师对课程的认识和对幼儿教育的理解，是培养反思创新型教师队伍的一条有效途径
研究的目标及内容	一、研究目标 1. 完善不同年龄段幼儿足球游戏的目标、内容、组织形式、评价方法，建构具有园本特色的幼儿园足球课程 2. 整合幼儿园内外自然资源的教育价值，因地制宜地对幼儿实施素质教育，促使幼儿在足球运动中得到全面发展 3. 通过课题研究，教师增强课程资源创新开发意识，促进自身专业化程度的发展，并从中得到专业化成长 二、研究内容 （一）课程目标的确立 1. 确定和完善课题培养总目标，结合幼儿核心素养要求，以足球课程为载体，从不同角度促进幼儿情感、态度、能力、知识、技能的和谐发展 2. 年龄阶段目标及主题内容系列。各年龄班围绕足球课程培养总目标，确定自己的子课题研究，制定出相应的子课题目标和实施计划，然后分解到各教育活动主题目标、具体活动目标

研究的目标及内容	在基本的动作技能练习之余，各年龄班开展其他领域的活动促进幼儿对足球的认知。小班侧重于幼儿和足球做朋友，让幼儿在玩一玩、看一看、做一做、画一画等活动中促进幼儿对足球的喜爱；中班侧重于认识足球的起源、演变，幼儿收集和认识基本的足球装备等，进一步了解足球；大班让幼儿从了解足球世界杯入手，再通过足球明星大追踪，让幼儿接受足球文化的培育，根植足球文化的基因，让幼儿热爱足球运动。通过这样层级分解，最终将课题培养总目标落实到每个幼儿身上，并在此基础上根据园内环境创编出相应的主题内容系列 （二）课程内容的选择与生成 1. 对园内现有的环境资源进行充分的利用、挖掘，并根据需要进行合理的改造、创设，为幼儿探索足球活动创造良好条件 2. 整合幼儿园周围有利的自然资源、社会资源，挖掘其教育功能，以课程为杠杆，开展富有实效的足球教育活动 （三）课程的组织与实施 1. 探索实施的教育方法 根据幼儿的年龄特点，创设富有感染力的情境和环境气氛，让幼儿在愉悦的情绪中主动地投入活动，获得丰富的情感体验和实际经验，可以采用游戏互动、引导体验、鼓励探索等方法为幼儿探索足球活动创设宽松的心理氛围和丰富的物质环境，让幼儿在活动中充分尝试，乐于探索。活动实施过程中需要仔细观察幼儿，在适当的时候给予必要的支持和引导，让他们通过自己的探索发现主动建构有益的知识和经验。另外，要承认幼儿的个别差异，对不同层次的幼儿，提出不同的要求 2. 探索实施的教育路径 （1）优化园内环境创设。在环境创设中，我们把握"随手可见、随手可触、随手可踢"的原则，合理利用空间、材料，在教室走廊创设"足球小将""本周球星"等展示墙，创设足球明星风采、足球历史简介、足球活动海报等文化信息。在区域活动中投放领奖台、小小足球场、足球日历、编织足球网等多种和足球相关的游戏材料 （2）创设师资队伍建设。将配备足球课程"专职"教师和"普通"教师。"专职"教师由特聘的足球俱乐部专业教练担任，教学定位在专业技术的传递，"普通"教师由本园在职教师担任，教学定位在兴趣的培养和动作的训练。同时，借助"专职"教师培训提升发展"普通"教师。大班"专职"教师组织的活动达到每周一次，中班"专职"教师组织的活动达到隔周一次，小班的活动均由"普通"教师组织完成。在教学组织形式层面，幼儿园设计了各种类型的活动，主要有特色教学活动和日常生活中的足球活动，特色教学活动主要由"专职"教师负责，日常生活中的足球活动主要由"普通"教师负责 （3）拓展多元活动方式。根据3～6岁儿童发展特点，在大班幼儿中开展小型足球班级对抗赛，选用长25米、宽15米左右的草地作为幼儿足球场，用长1.8米、高1.2米左右的球门，用3号足球作为幼儿比赛用球，以增强幼儿对足球的控制能力，使幼儿在足球比赛中既体验到成功的快乐，又进行了一定的挑战。教师将注重在比赛中提高幼儿的规则意识和合作观念。重视培养他们的礼仪，在幼儿体育教育中，弱化输赢名次，侧重品质教育，保证幼儿安全 （四）课程评价体系的研究 幼儿园课程评价是对幼儿园课程进行考察和分析，以确定其价值和适宜性的过程。课程评价在整个课程系统工程中占有举足轻重的地位，它既是课程工作的"终点"，又是课程继续发展的"起点"，而且伴随着课程运作的全过程 1. 课程方案评价。一方面看活动方案的制定是否依据了科学的原理、原则，是否符合研讨确立的教学目标；另一方面需要评估课程结构是否合理 2. 课程实施过程评价。了解幼儿在课程活动中的反应，评价主要包括幼儿成长档案、教师活动后的反思等；了解教师的态度和行为，评价以教师的自我评价为主，并结合他人评价、活动案例分析等展开 3. 课程效果评价。了解儿童学习之后的发展状况，了解其发展状况与课程目标的符合程度，了解产生了哪些非预期的结果，了解教师发生了哪些变化，有怎样的提高，等等

研究的方法及步骤	一、研究方法 （一）文献法 通过网络搜索、期刊查阅及著作的阅读，收集关于幼儿园课程、幼儿游戏活动、足球活动等方面的资料，对幼儿园足球课程现状做综述和分析，为笔者的研究提供理论和现实的依据，并在研究过程中根据研究需要扩展、补充相关资料 （二）行动研究法 成立课题研究小组，从足球活动出发，通过内容的选择、方案的设计，进行活动实践（实施方案）；在阶段性总结的基础上，通过反思，对实施方案进行修正、完善，如此经过若干反复，实现研究目标，最终完成研究任务 （三）观察法 根据本课题的研究目的，运用感官及摄像机的方式，观察幼儿及教师在课程中的发展和表现，随时记录发生的具有典型性、代表性的教育活动事件，了解幼儿对足球活动的喜爱程度、接受程度，为及时反思和修正课程做好资料准备 二、研究的步骤 （一）前期准备阶段（2021年3月至2021年5月） 1. 课题立项准备：收集相关资料，进行调查与分析，初步设计课题研究方案，成立课题组并进行明确的分工。 2. 制订课题工作计划，确立研究的重点与难点 （二）具体实施阶段（2021年6月至2022年6月） 1. 调查研究。按照课题研究目标和内容，实施课程开发的资源调查研究及足球主题活动的现状调查 2. 实践探索。在调查基础上，按照预定的课题研究要求，实施相应的子课题研究。在实践中不断调整实施策略，收集、分析、筛选有关资料，认真总结自己的经验和体会，提炼和整理出自己的、有创造性的研究成果总结，召开中期评估会 3. 评价反思。综合运用行动研究、观察、案例研究等方法对和课程有关的理论知识背景进行分析，反思课程的整体框架、管理，以及课程中的环境、教师指导等要素 （三）总结阶段（2022年7月至2022年12月） 在不断深入研究的基础上及时进行理性思考和科学总结，举行课题鉴定会，展示研究成果，编著理论研究成果集和实践研究成果集，撰写研究报告

（资料来源：宁波市慈溪市浒山街道中心幼儿园课题文本）

拓展阅读

● 吴玲玲，徐冰. 幼儿教师如何做研究 [M]. 上海：华东师范大学出版社，2013.

● 费岭峰. 怎么做课题研究：给教师的40个教育科研建议 [M]. 上海：华东师范大学出版社，2021.

● 张晖. 幼儿园课题研究 [M]. 北京：高等教育出版社，2012.

● 朱军文. 教育实证研究方法应用与误用 [M]. 上海：华东师范大学出版社，2022.

第九章　幼儿教育科研课题结题报告的写作

 学习目标

1. 清楚幼儿教育科研课题结题报告的内涵。
2. 了解幼儿教育科研课题结题报告的结构框架及写作要求。
3. 能分析发现幼儿教育科研课题结题报告的常见误区。

 思维导图

项目任务

请结合本节所学，分析案例课题结题报告《产业园区嵌入式幼儿园的项目化学习探索与实践》（见文末）中存在的问题，要求分点罗列，说明理由。

一、幼儿教育科研课题结题报告的内涵

一项课题经过了前期准备、获准立项与实施研究后，课题研究者认为已经达到了预期研究目标，就可以进入成果梳理与表达的阶段，就需要用文字形式把研究过程和结果表现为总结性文稿，即课题结题报告。

课题结题报告内容上应对本次科研工作的目的、方法、过程和结果进行全面总结，针对预期解决的问题和预期产出的成果重点提炼，并附相关成果的原件或复印件等佐证材料，用于证明本课题已正式完成；形式上应遵照课题管理部门的格式规范进行排版、打印和装订，以期满足内容与程序两个方面的结题要求。

由于课题结题报告是实际研究与文字表述的统一体，因此其质量受两方面因素影响：一方面是研究本身的质量，如调查与实施是否严谨、扎实、周全，收集与整理的材料是否充分、可信，分析是否合理、科学；另一方面是研究者的文字表述水平，比如，核心观点的提炼。

二、幼儿教育科研课题结题报告的结构框架

通常课题结题报告要回答三个问题。一是为何进行该课题研究。虽然对此问题在申报书中已有详述，但课题研究者有可能在研究过程中对背景与意义有了新的思考，且结题评审者可能并不会翻看课题申报书，为保证结题报告逻辑与内容的完整性，仍需对此问题进行简要介绍。二是该课题是如何研究的。如果说申报书中的研究目标、研究内容与研究设计是预设，那么结题报告中此部分内容则是实际情况的整理与概括。三是该课题得出哪些结果与结论。此处是一项研究最终价值的直接体现，也往往决定了其可借鉴性、可推广性。具体而言，课题结题报告的主体结构常由以下部分组成：题目、问题的提出、研究过程、研究结果、结论与讨论、参考文献、附录。课题级别越高，所需介绍的内容结构越细致，如案例9-1和案例9-2所示。

 案例9-1

全国教育科学规划课题的研究报告要素

研究总报告（不少于3万字，可另附页）

提示：研究总报告是课题立项单位向外界公开课题研究成果的文件，是课题鉴

定的成果主件。

研究总报告格式：

标识

××单位××课题负责人（姓名、专业技术职务）主持完成了××课题（课题批准号）。课题组主要成员××、××（最多不超过9人）。

一、简介部分

1.标题

2.摘要（不超过500字）

二、主体部分

1.研究问题：研究目的—研究意义—研究假设—核心概念

2.研究背景和文献综述：理论基础—相关研究成果

3.研究程序：研究设计—研究对象—研究方法—技术路线

4.研究发现或结论

5.分析和讨论

6.建议（一是针对自身研究的缺陷，提出需要改进的事项；二是根据研究结论获得的启示）

三、主要成果

四、参考文献

五、附录（插图、表格、问卷等）

 案例9-2

N市教科规划课题结题申请表

一、申请人情况

二、成果简介（3000字左右）

1.研究结果（结论与效果）

2.创新意义

3.学术价值

4.社会效益

三、阶段性重要研究成果

四、结题审查意见

（一）结题报告题目的设计

幼儿教育科研课题结题报告与申报书同属科研文本，因此题目同样应当明确、清楚地反映研究主题。但申报书是计划式的，具体的过程与成效都有待探索，而结题报告是完结式的，研究结果与结论都已确定，因而更应当凸显该课题的价值、亮点与创新之处。因此，中规中矩的结题报告题目只需要将申报书题目稍做调整即可，但优秀的结题报告题目应当是申报书题目的超越。因此，越来越多的结题报告题目采用复合式结构，比如，副标题为课题核心信息，主标题为课题主要特点、观点或成果（见表9-1）。

表9-1　N市2021年度教科研一等奖成果题目摘选

序号	题目
1	三"园"探秘——基于儿童自然经验的项目活动的设计与实践
2	三模·五阶·二维：基于设计思维幼儿园项目活动的实践研究
3	立体三面：指向核心经验的幼儿数学思维游戏研究
4	儿童手账：提升幼儿表达力的方式及策略探究
5	指尖上的课程：幼儿特色创意指游的研究
6	农村幼儿园"童车趣玩"活动的实践与研究
7	老区幼儿园"五红行动"的研究与实践

（二）研究过程的撰写

研究过程指通过回顾、归纳、提炼，具体陈述课题研究的主要过程，比如，采取的措施或主要的做法。此部分往往占整个结题报告近一半篇幅，因此一般划分为多个阶段进行介绍，具体阶段的命名多见于动作式的。例如，《基于"情感体验"促进幼儿垃圾分类行为养成教育的实践探究》结题报告研究过程的四个具体标题为：

- 拟定行动方案，促进垃圾分类行为养成教育的层次性
- 关注生成性区域游戏，探索教师的支持策略
- 完善教育形式，推动垃圾分类行为养成教育的发展性
- 幼儿垃圾分类行为养成教育活动的评价机制

又如，《幼儿学习性区域材料的有效设计实践研究》结题报告将研究过程划分为如下阶段：

- 明确了学习性区域材料的设计理念
- 形成了学习性区域材料的设计流程
- 建构了学习性区域材料的目标设计
- 梳理了学习性区域材料的设计策略
- 明晰了学习性区域材料的设计途径
- 建构了学习性区域材料的评价体系

值得注意的是，幼儿教育科研课题特别是出自一线教师的课题结题报告往往以素材的活泼、生动而显著区别于其他学段，而这些素材既包括研究过程中的照片、图片，也包括典型情景的描述和具体案例的记录。

（三）研究结果的撰写

由于课题结题报告本质上遵从"提出问题—分析问题—解决问题"的逻辑，如果说课题研究目标体现的是本课题研究的方向，是本课题研究要最终达到的目的，那么研究结果就是对研究目标是否达成的直接体现，也是对研究问题是否解决的直接回应。反之，如果研究结果与研究目标并非密切相关，或并没有实现正面预期研究目标，便会严重影响结题报告的整体质量。

严格来说，研究结果是根据课题研究过程中收集到的资料，整理、分析、归纳出的客观事实。但事实上，一线幼儿教育科研课题的主要目的在于改进教育教学质量，因此研究结果往往还涵盖了研究成效的内容。

从内容角度而言，研究结果与成效通常从幼儿某方面的发展、教师某方面的专业成长、家长某方面的教育理念或能力的提升、园所某方面课程/模式/样态的建构、园所某方面的教学/教研/科研成果、园所知名度与美誉度（如获评的荣誉/举办的活动/获得的报道/出版的图书）等方面进行介绍。

特别应指出的是，研究结果的表述务必实事求是，不可夸大其词。要做到这点，不仅须用学术伦理去要求自己，而且须用科学精神去规范自己。前者主要是指不能伪造、更改研究数据及资料，而后者是指要反复检视自己对研究结果的表述，避免简单化。《心智》一书曾讲到这样一个故事——三个数学家在苏格兰看到一只黑山羊：第一个数学家说，苏格兰山羊都是黑色的；第二个数学家说，不对，这只能说明苏格兰至少有一只黑山羊；第三个数学家说，都不对，这只能说明，苏格兰的这一只羊，我们看到的这一面是黑色的——科研表达的严谨性，由此故事可见一斑。

 小练笔 9-1

请结合课题《幼儿园足球园本课程建构的实践研究》中的研究目标及专业所学，分析其结题报告中幼儿相关的研究成效，并对不当之处进行适当修改。

研究目标

（1）提高幼儿对足球的兴趣，经过宣传，使幼儿家长明确认可幼儿足球的益处。

（2）激发幼儿对足球的热爱之情，引发幼儿对足球的兴趣，培养幼儿克服困难、团队合作、积极思维、大胆勇敢等良好品质。

（3）促进教师专业化发展，提升教师教科研能力。培养一支具有较高传统文化素养、一定科学研究能力的教师队伍。

（4）培养幼儿足球活动兴趣，形成使其终身受益的发育良好的身体、愉快的情绪、强健的体质、协调的动作和良好的生活习惯。

研究成效

（一）幼儿参与足球游戏的品质显著提升

将足球游戏和五大领域学习自然地融合在一起并开展研究以来，明显发现幼儿对足球游戏的投入度和专注性更高，对足球游戏活动的兴趣增强，在具体足球游戏的过程中产生更多观察能力、思考能力、判断能力，意志能力、合作能力等方面也得到大大提升（详见图1）。

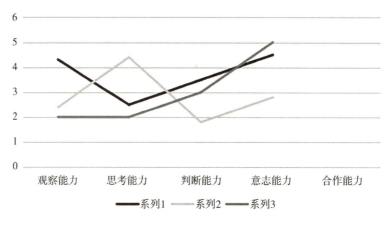

图1　幼儿足球游戏品质对比情况

（二）幼儿足球游戏技能不断提高

将课程目标及足球游戏课程内容相结合，保证每周一次以足球为载体开展户外区域自主游戏活动，并在一日生活中渗透开展足球游戏活动。教师原创12个区域活动游戏，培养幼儿对足球的兴趣，发展幼儿走、跑、跳、投掷、平衡、钻、爬、攀登、停球、射门等足球基本技能运动，培养幼儿的团队合作精神、规则意识，促进幼儿足球游戏技能不断提高（详见图2）。

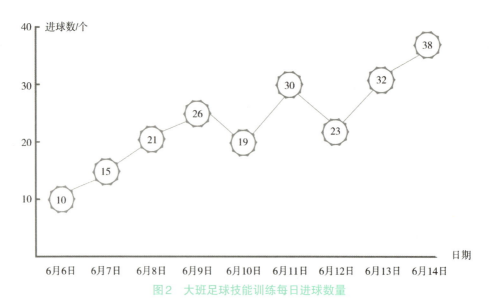

图2　大班足球技能训练每日进球数量

（三）幼儿体能不断提高

足球游戏的开展和户外活动相结合，对幼儿身心发育起到了显著的效果。从

2019年度的大班幼儿体能测试来看，幼儿的脉搏、肺活量等一系列数据，都能体现足球游戏锻炼幼儿肺功能、提高四肢协调性、增强身体素质等各方面的价值（详见图3）。

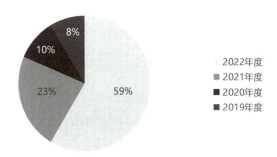

图3　中心幼儿园大班幼儿体能达标数据

（资料来源：宁波市慈溪市浒山街道中心幼儿园课题文本）

（四）研究结论、讨论、特色与创新的撰写

研究结论是在研究结果的基础上，经过推理、判断、归纳而概括出更高层次的观点。如无特别说明，研究结论事实上也应涵盖本课题引发的讨论、本课题的创新与特色之处及根据本课题提出的建议或策略。此部分是整个结题报告中含金量最高也是最见水平的内容，因此绝不应粗线条地草草了事，而应反复思考打磨。

从辩证唯物主义的角度来看，研究结果是从具体到具体，而研究结论是从具体到一般。立足园情、班情甚至具体幼儿情况的研究结论或许并不能简单机械地推而广之，但完全可以向同类幼儿园，向类似情况的班级、幼儿、教师、家长提出可供借鉴与参考的结论或建议。例如，课题"大班幼儿的游戏观研究"提出了如下六条结论：

- 游戏活动应具有积极的情感体验
- 教师根据幼儿需要变换角色参与游戏
- 渗透游戏精神，提高一日活动中的游戏化程度
- 均衡游戏中的"自由与规则"
- 丰富幼儿的游戏场地的内容
- 教师使用适宜的教育指导语

研究讨论往往须指出本课题研究的不足之处，有时也可为进一步研究应当如何开展提出思路或建议。例如，某课题研究将不足归纳为：

- 样本的选取只关注了方便原则，代表性不足
- 主要是横断面抽样数据，没有纵向的个案探究
- 除了研究幼儿方面的信息外，还应了解家长方面的信息

研究特色与创新是研究者对该课题核心价值的把握，也是对该课题最不同于其他研究的独特性的提炼。例如，课题"深挖本土资源的户外游戏创设与实践"将特色与创新

定位于如下三点：

- 户外游戏活动开发充分挖掘和融入本土文化
- 户外游戏活动开发充分考虑物质文化和精神文化
- 户外游戏活动开发充分落实国家劳动教育的要求

以上研究结论、讨论、特色与创新，一方面表明研究者对课题进行了深入和充分的思考，发挥了自身的创造性；另一方面对于其他幼儿园教师在同类活动的设计与指导上，具备一定的借鉴价值。

三、幼儿教育科研课题结题报告的常见误区

（一）以工作总结替代研究过程

无论是幼儿园教师还是中小学教师，每天都需要处理多方面的工作，超脱工作之外进行研究并不现实，但正如并非所有工作中的问题都可以或应该转化为研究选题，研究实践也应区别于日常工作，否则研究过程这部分内容就容易变为工作的记录，处处是活动开展、工作协调、人员调配、制度建设，处处不见研究的痕迹。如此一来，课题结题报告也恐变为工作总结。

上述情况的产生，一方面在于课题申报阶段没有仔细斟酌研究内容与研究设计。研究过程在很大程度上可视为对研究内容进行调查、实践的历程，因此研究内容的清晰划分与安排，将有助于研究过程的总结和梳理。而研究设计更是研究素材的直接体现，有没有明确的研究对象、合理的研究方法、系统的研究步骤，是工作与研究的主要区别之一。另一方面在于结题报告的撰写脱离了研究主题特别是研究目标，材料的拣选与呈现应以此为第一标准。

（二）观点缺乏鲜明度、说服力

观点的阐述要有充分证据支撑，这是科学研究的本质特征之一。课题结题报告中提不出鲜明的观点，在很大程度上是因为观点被材料"淹没"。一线教师的课题研究往往不是横切式地收集资料，而是马拉松式长周期地积累资料，最典型的体现是幼儿园教师通过观察收集的课题资料，观察记录横跨1~2个学期，动辄数十份、上百份。哪些材料可用，哪些材料与研究目标相关，需要经过仔细筛选。而观点缺乏说服力，往往是因为对研究资料的筛选不够审慎造成的。例如，研究设计只针对现状，而没有原因方面的调查，就不能把想当然的原因推测作为观点呈现出来；又如，研究对象并未包括家长，若提出家庭教育方面的结论就显然站不住脚。

上述问题还经常出现在研究成效部分，有的结题报告本着多多益善的态度试图把所有成绩都呈现出来，连篇累牍都是与课题关系不大的文章、奖状。事实上，只要不是切口过小的研究，都很容易在结题报告中汇总出比较丰富的成果，但这些往往是与研究目

标无关或相关性很低的工作成绩，而非指向达成研究目标、解决研究问题的研究成果。也有的结题报告成效比较单薄，要么依靠放之任何课题皆准的空话、套话充实篇幅，要么没有进行研究前后的对比分析就主观臆断成效显著，都容易令评审者认为课题研究者缺乏对研究成效的基本认识。

 项目任务案例

产业园区嵌入式幼儿园的项目化学习探索与实践

随着《浙江省学前教育发展第四轮行动计划（2021—2025）》把学前教育内涵式发展提升到日益重要的位置，N市明确提出创建幼儿园品牌课程，深化课程改革有了新的要求与指向。基于此，因地制宜地利用周边产业园区资源、革新教师理念与能力，从而促进幼儿学习与发展，成为本园着力探索的问题与实践的方向。

一、问题提出

（一）"以幼为本"需要通过学习方式变革落地生根

《幼儿园教育指导纲要（试行）》中明确指出，教师要"从本地、本园的条件出发，结合本班幼儿的实际情况，制定切实可行的工作计划并灵活地执行"。而传统的幼儿园层面的课程相对幼儿而言往往较为正式，并且缺乏一定的针对性。因此，"以幼为本"的理念往往在实行的课程、幼儿经验的课程中无法落地，探索和实践一种针对班级幼儿特点与兴趣"运作的课程"，将各种学习经验整合于一体也就成为亟待解决的问题。而项目化学习恰是这样一种"以幼为本"的新型学习模式。

（二）产业园区嵌入幼儿园需要因地制宜发掘课程资源

产业园区嵌入式幼儿园是国家教育制度的发展与完善，也是增进企业凝聚力和发展经济的重要举措。此类幼儿园除了解决就读难、接送难的问题之外，还有着利用周边资源作为课程资源的先天优势。《浙江省教育厅关于全面推进幼儿园课程改革的指导意见》指出，幼儿园课程资源开发要考虑幼儿生活的家庭背景，体现中国优秀文化及地域和幼儿园文化，具有文化适宜性。挖掘和转化来自产业园区的课程资源成为嵌入式幼儿园面临的现实问题。

基于此，为更好践行当前课程改革精神，促进幼儿学习与发展，必须深入探析并总结利用产业园区资源开展项目化学习的实施策略。

二、研究综述

（一）产业园区嵌入式幼儿园的含义与实践

产业园区嵌入式幼儿园是指由产业园区（经办主体为产业园区管委会或园区企业）兴办，面向所在园区各类人才及企业员工子女，因地制宜地提供普惠性学前教育服务的幼儿园（张菲，2021）。

目前，开展产业园区嵌入式幼儿园实践较多的主要是杭州，例如，海康威视幼儿园、中策橡胶集团朝阳幼儿园。从本质上来说，这与北京、广州等城市已明确鼓励机关、企事业单位开设幼儿园的举措是近似的，属于在体制外的运用。杭州探索的产业园区嵌入式幼儿园，主要针对在企职工对学前教育、婴幼儿照护需求，同时，鼓励整合改造利用产业园区内现有公共服务用地（工业邻里中心）配建，或利用存量建筑举办幼儿园。由此可见，"嵌入"一方面是指物理空间、地理位置的嵌入或说临近，另一方面是指对接产业园区工作人员对子女的教育教养需求。但目前相关文献主要是对这一举措的政策合理性与规范性的探讨，鲜见从课程资源角度的分析。

（二）幼儿项目化学习的性质、含义、原则与流程

项目化学习是教师指导幼儿对周围环境内值得学习的事件或现象进行长期、广泛与深入探究的一种课程活动。项目化学习是一种以项目为主线、教师为引导、幼儿为主体，依托园本课程，幼儿主动参与、自主协作、探索创新的新型教学模式（邵悦，2022）。

项目化学习的主要特征是在某一主题下进行探讨，关注焦点在于幼儿自发寻找相关问题的答案，而这些问题可能是幼儿、教师或双方共同提出的。不同学者对幼儿项目化学习应体现的原则有如下共识：基于幼儿兴趣、问题导向、动手操作、表现性评价。

从幼儿角度，其体验的是"发现问题—寻找方法—解决问题—反思问题"的研究过程。而从教师角度，则需要对项目进行顶层设计，唐晓慧（2018）梳理了国内学者提出的多种项目学习流程设计，并归纳为"设计项目—制订计划—探究活动—制作作品—交流成果—活动评价"六个步骤。

综上所述，产业园区嵌入式幼儿园探索、发掘和利用周边产业作为课程资源是其因地制宜发展的题中应有之义，而如何将其转换成项目、如何基于相对成熟的操作流程在本园幼儿中开展探索与实践，将成为本课题着力解决的问题。

三、研究过程

（一）幼儿项目化学习的目标构建

立足本园幼儿实际情况，经过问卷与访谈调研，以及多次教研活动的探讨商议，本园制定了如下幼儿项目化学习的目标。

表1　项目化学习总目标

序号	维度	指向
1	学习品质	善思：形成好奇善思、敏锐感知的品质，注重对周围世界的观察和探究，能大胆质疑，乐于思考
2	认知经验	巧探：在项目化学习活动中习得各种探究的技巧和方法，学会利用各种资源进行探究，发展主动学习探究的能力，用于探究，体验主动探索的乐趣
3	社会交往	乐享：喜欢分享项目化学习体验活动，能与同伴分工合作，能大胆自信地向同伴分享自己在项目活动中的发现

表2 项目活动各年龄段幼儿核心素养目标

活动内容	年龄段	项目活动核心素养目标
木艺加工业	小班	认识几种常见的木工材料及工具，知道使用不同的工具可以拼装组合木块，尝试进行简单组装，遇到困难能寻求教师的帮助
	中班	认识、了解木工制作的各种工具与材料，在实际操作的情境中学会提出问题，尝试运用资料收集、请教成人等方法解决问题，习得木工制作的经验及方法，尝试进行简单组装，根据材料的原有形状完成作品；能自主寻找合作伙伴，尝试多人合作共同完成作品，有一定的团队意识
	大班	进一步学习木工制作的方法与技能，学会提出创造性的问题，能根据项目主题开展制作，能创造性地设计作品并绘画图纸，根据图纸创作作品，在动手、动脑的过程中，养成自主与合作的良好品质
纸艺加工业	小班	初步学习撕纸、搓纸、卷纸的方法，用胶水粘贴碎纸片，学会在操作过程中提出问题，懂得向教师求助，养成良好的手工活动习惯，促进小肌肉的发育和手眼协调动作发展
	中班	通过"古法造纸"的项目活动，学会提出富有创意的问题，能通过问题驱动、实验操作等方式解决问题，掌握制作纸浆的方法，能较均匀地抄纸，并在活动中感受中华造纸文化的深厚底蕴
	大班	通过"纸浆作画"的项目活动，能针对实际操作过程中出现的困境提出问题，会创造性地解决问题，并运用计划、考察、实验等多元方式推进项目活动的开展
布艺加工业	小班	能使用不同工具在布上进行简单的艺术创作，如花草拓印、布艺喷绘等，在操作过程中勇于表达自己的问题，并能向教师求助解决问题
	中班	通过"印印染染"的项目活动，尝试小组合作查阅资料、进行扎染实验等途径解决遇到的问题，初步了解扎染工艺，掌握简单的扎染方法和步骤，感受扎染的独特魅力
	大班	通过"神奇刺绣"的项目活动，学会提出富有创意的问题，有明确的学习动机，尝试利用多种形式制作项目计划，充分利用各种资源进行项目活动的实施，能对作品进行清晰表达

（二）幼儿项目化学习内容架构

本课题对园区内的资源进行筛选，构建木艺加工业、纸艺加工业和布艺加工业三大项目活动内容，具体如下所示。

表3 项目活动创生主题

年龄段	活动内容主题		
	木艺加工业	纸艺加工业	布艺加工业
小班	认识工具	练习撕纸	布艺拼贴
	刨花贴画	学习搓纸	花草拓印
	木片拼贴	尝试卷纸	布艺喷绘

年龄段	活动内容主题		
	木艺加工业	纸艺加工业	布艺加工业
中班	练习敲钉	创意剪纸	玩偶制作
	推刨刨花	手工折纸	饰品加工
	学锯木条	古法造纸	尝试扎染
大班	打磨木块	纸盘加工	旧衣改造
	立体拼装	纸浆作画	布艺编织
	活动创生	乐探衍纸	布艺刺绣

1. 架构内容出发点：幼儿认知特点

为了促进幼儿经验的转化，我们在架构项目活动内容时引入"核心素养"这一概念，所谓"核心素养"，是指幼儿在各领域学习应具备的品格和关键能力。熟悉了核心素养目标，我们就能将此作为观察幼儿、理解幼儿行为的工具，并更好地支持幼儿的发展。

在同一内容下，小、中、大班年龄段的具体项目活动内容也有所差别，通过梳理聚焦，我们以"木艺加工业"、"纸艺加工业"和"布艺加工业"三条主脉络引领，在此脉络引领下，各年龄段分别架构出内容丰富的项目活动。

2. 架构内容关键点：幼儿问题导向

项目活动内容的丰富源于幼儿发展需求的满足，需要教师跟随幼儿的脚步不断进行调整与完善。约翰·拉尔默等学者在《为项目式学习制定标准：一种经过验证的严格课堂教学方法》中提出，项目式学习需具备7个设计元素，其中第一个就是"有挑战性的问题"。因此，在项目活动方案设计中，教师更侧重以"问题导向"为抓手，关注幼儿需求。

在每个项目活动开展前，教师首先要做的是相关"关键问题"的梳理，这些问题来源于师幼间、幼儿间的谈话。例如，在"印印染染"项目活动中，经过师幼间的对话，形成了以下关键问题：花纹是怎么染出来的？有哪些简单的扎染技巧？扎染时会用到哪些工具？除了购买的染料外，还可以用什么来做染料？……这些问题，宛如一条看不见的细线串起了整个活动架构，引领幼儿走进探究之旅，不断向深处发展。

3. 架构内容生成点：园内外资源

幼儿的学习是在幼儿园、家庭、社区的相互作用中进行的，是在特定的文化背景中建构知识、情感和人格的。我园地处经济产业园，区域内不同产业的企业星罗棋布，各大企业在日常运转的过程中，在物质与人文不同层面，隐藏了多种类型的课程资源可为幼儿园所利用。

在活动内容选择上，我们基于地处产业园的资源优势，深挖产业园区内的企业资源，通过对资源地图的设计、绘制、运用，有效整合企业资源、物质资源、人力资源、自然资源等，优选出符合幼儿年龄特点、贴近幼儿生活的具有教育价值的资源，开展丰富多元的项目化活动。

表4 产业资源一览

资源名称	资源类型	资源地址	资源简介
鲸鱼山	自然资源	略	蕴含丰富的植物资源，可为DIY染料、纸浆制作提供原料
滨海博物馆	社会资源	略	幼儿可参观博物馆
菜场	物质资源	略	可购买各种果蔬，为染料、纸浆制作提供原料
滨海社区	社会资源	略	社区内居民大多是来自不同企业的员工，幼儿可对他们进行调查采访
滨海污水处理厂	社会资源	略	可供幼儿参观污水处理过程
凡奇服装厂	物质资源、社会资源	略	可供幼儿参观服装制作过程
米高家具厂	物质资源、社会资源	略	可供幼儿参观各类木质家具，提供各类木材
南晖纺织厂	物质资源、社会资源	略	有织布、印染车间，可供幼儿了解布匹生产过程
长江印业	物质资源、社会资源	略	可供幼儿参观纸类印刷、纸类包装过程

（三）幼儿项目化学习的途径优化

1.创建项目活动空间

我园打造多维立体的活动环境，除在专用活动室打造木艺馆外，还将活动内容拓展到走廊空间，打造"折、剪、饰、绘"纸艺馆及"剪、绣、染、探"布艺馆，打造交互活动链。这三大空间载体相依相存，让幼儿进行项目化活动的空间不断得到拓展。

这一活动空间的创建，使幼儿自由学习、游戏、交流的空间得到拓展，从以"目标—达成—评价"为单位的程序型教学转变为以"操作—探究—创造"为单位的项目型教学，从单向的集中教学方式转向为多人合作学习的模式。这一活动场所，既是幼儿合作学习、共同成长的所在，也是教师开展教学实践共同学习和成长的所在。

图1 项目活动空间载体

2.优化项目活动路径

（1）实地考察式。

真实产业园是幼儿深度试验性经验产生的特殊场景，幼儿到园外实践基地、博物馆等进行实地参观。根据前期资源盘点，我园周边的家具厂、纺织厂等均在园所方圆3公里以内，非常便于开展亲子参观、体验等活动，弥补了场馆体验式的不足，实现了模拟与真实的相互对接，丰富了幼儿的活动形式，为幼儿开展连续性学习活动、交互性学习活动提供了个性化平台。

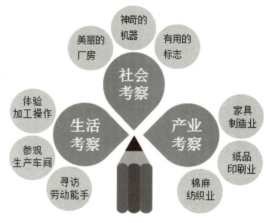

图2 实地考察内容体系

实地考察内容从三个维度展开，生活考察、社会考察和产业考察，提取适宜要素，拓宽幼儿活动场地，丰富幼儿活动形式。生活考察以体验加工操作、参观生产车间、寻访劳动能手为主，社会考察包括考察美丽的厂房、神奇的机器、有用的标志等，产业考察以家具制造业、纸品印刷业、棉麻纺织业为主。

图3 实地考察行动路径

一班一厂：根据幼儿的兴趣及班级正在开展的项目活动，每个班级确定一个考察的工厂。在考察前，各班班主任及科研项目小组人员提前与被考察工厂的负责人进行活动对接，保障幼儿在考察过程中的安全及考察活动的有效性。

一人一册：在考察活动中，我们依托记录册的载体帮助幼儿进行经验梳理。每位幼儿都有一本属于自己的记录册，他们以绘画的形式记录自己在工厂里观察到的事物，如厂房里的机器、路边的安全标志、辛苦工作的人们等。

一事一记：每班考察的工厂不同，因此各班幼儿观察到的事情也会有所不同。幼儿把在家具厂、印刷厂和纺织厂等不同工厂内观察到的人与事记录下来，帮助幼儿了解产品的生产过程，更好地推进班级项目活动。

案例项目1：寻访木匠艺人

项目简介：在这一项目活动中，幼儿通过实地考察家具厂，参观现代木制家具生产过程，欣赏木质家具的工艺美，寻访木匠叔叔，熟悉了解传统的木工工具。幼儿通过考察、学习、模仿等途径习得经验后，小组团队合作制作木凳，感受中国传统木工匠人的智慧，学习坚持不懈的工匠精神。

图4　幼儿走进米高家具厂

（2）场馆体验式。

学习的起点就是体验，依托搭建的"三馆十坊"，每个主题馆下设各大工作坊，指向不同的材料与操作特点，提供适宜幼儿年龄特点的材料，供幼儿进行体验操作，以真实的活动体验取代教师传授的经验。幼儿能在操作中发现问题，寻找解决问题的办法。同时，以真材料、真情境、真体验的"三真"策略让场馆体验式的项目活动有效开展。

真材料，让游戏变得真实。我园"三馆十坊"里的游戏材料都是真实的。木艺馆中的虎台钳、小锯子、刨刀等真实的木工工具及木块、木板、木条、刨花等真实的木工材料，让幼儿感受木工制作的乐趣；纸艺馆中有捣白、勺子、抄纸框，幼儿可以进行造纸活动；在布艺馆里，幼儿则可以使用染料、染缸、棉布，真实地进行扎染活动。真实的材料，能极大地激发幼儿游戏的兴趣。

真情境，让幼儿充满期待。有了真实的材料，幼儿对游戏充满期待，布艺馆中趣变坊的布艺饰品小铺，总能让幼儿驻足流连，售货员会热情接待顾客，饰品设计师会根据顾客的要求设计饰品。真实的游戏情境，让幼儿对项目活动充满期待。

真体验，让能力得到增长。随着活动的深入，幼儿各方面的能力得到增长。例如，在"古法造纸"的项目活动中，幼儿在活动前期开展调查，搜寻有关造纸的资料及材料，在碎纸过程中，幼儿针对"用什么方法弄碎废纸"这个问题进行了多次试验，幼儿大胆探究问题的能力、动手操作能力都得到了发展。

案例项目2：古法造纸

项目简介：纸在千年的悠悠岁月中，成为生活的必需品，承载着厚重的文化内涵。这一项目活动通过观察讨论、体验操作，研究古法造纸，幼儿在纸艺馆中体验造纸的过程，感知每张纸都来之不易，凝聚了工匠的汗水与智慧。

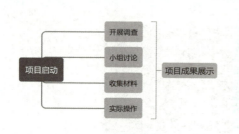

图5　古法造纸项目流程　　　　　　　图6　幼儿在纸艺馆中造纸

（3）任务驱动式。

任务驱动式活动路径指幼儿在教师的帮助下，紧紧围绕一个具体的任务活动中心，在强烈的问题动机的驱动下，通过应用各种资源，进行自主探索和互动协作活动，完成既定任务，获得相关的有益经验。幼儿在活动中始终带着真实的任务学习，享有充分的活动主动权，是幼儿主动构建自己认知经验的过程，更重要的是，在任务驱动式项目活动中，通常是以小组形式开展的，幼儿的同伴交往能力、合作能力等亲社会行为明显增多。

确定任务：幼儿与教师共同确定一个任务作为活动的中心内容，这个具体的任务来源既可以是由幼儿引发的，也可以是由教师引发的，但在选择任务时要考虑这个活动任务是否值得幼儿投入精神与注意力、能否让幼儿进行多元互动等多种因素。

协同创作：组内的幼儿进行分工合作，分工协作的前提是每个小组成员都有事可做，都有自己的任务，在这个过程中发展了幼儿的自主学习能力。同时，更重要的意义在于小组成员的讨论、合作商量解决问题等互动过程中体现出来的同伴交往、人际互动。

联合展示：展示交流是对活动效果的一种评价，幼儿再次回归任务中心，运用符合他们年龄的技能或技术呈现他们的所知及所学，如绘画、音乐、戏剧表演等，这是对幼儿是否完成任务的评价。

案例项目3：花布设计师

项目简介：在这一项目活动中，幼儿确定了制作有规律的印染花布这一任务，并统筹安排组内成员进行分工合作，有的幼儿设计花纹，有的幼儿负责将布进行捆扎，有的幼儿负责用染料进行染色，小组合作共同完成了"布里生花"这一扎染主题作品展。

图7　幼儿扎染作品展

（四）幼儿项目化学习的评价

1. 多主体评价

多主体评价是指评价主体的多元化，从单一的教师评价转化成多方主体参与评价，包括幼儿自评、同伴互评、教师评价、家长评价和企业员工评价。基于产业园的项目化学习活动不仅仅是幼儿生活的缩影，其中也有教师、家长、企业员工参与的身影，他们均是评价的主体。

①幼儿自评。在项目化学习活动中，我们关注幼儿在项目活动开展过程中的感受和体验，常常让幼儿评价自己在项目活动中的收获，或以谈话的方式开展，或让幼儿用简单的绘画记录。

②同伴互评。同一个项目小组内的成员进行相互评价，交流自己或组内同伴的表现，并提出建议，在每次的同伴互评中，幼儿有所改进，从而不断推动小组项目活动向更积极的方向发展。

③教师评价。教师在幼儿的项目化学习活动中不仅扮演着支持者、合作者和引导者的角色，还是活动的评价者之一。教师通过个案观察、学习故事、成长档案等多种形式对幼儿在项目化学习中的表现进行评价。

④家长评价。家长以助教、技术员工等多种身份参与其中，而家长与孩子之间的亲密关系让家长能非常直观地观察到孩子在活动中的表现及体验，并做及时的记录与反馈。一对一的观察方式，更能直观地感受到幼儿在活动中的点滴进步，为下次活动的开展提供经验支撑。

⑤企业员工评价。在我们的项目化学习活动中，企业员工也是一个重要的评价主体，在每次的实地考察后，企业里的叔叔阿姨会根据小小考察家们的表现进行评价。

2. 多种维度展现评价

评价主体可以聚焦幼儿在项目化学习中的行为从如下维度去进行评价，主要通过观察记录和作品评价。

表5 项目活动幼儿发展检核表

评价维度	具体指标
体验与探究	对项目主题能提出自己的问题
	积极参与参观、体验等活动，有愉悦感
	乐于参加项目体验活动，能积极操作
	能对获取的信息进行加工，从中归纳总结
理解与表达	能认真倾听他人的表达意见
	能运用图式表达自己在项目活动中的发现
	愿意主动大胆地表达自己的想法和感受

续表

评价维度	具体指标
社会与交往	喜欢项目活动，能主动自信地投入活动中
	能与同伴合作，完成项目活动
	愿意主动寻求成人的帮助
习惯与品质	愿意尝试别人的发现成果
	能持续、专注、坚持解决问题
	能主动遵守共同约定的项目活动规则

①事件评价。教师作为课题的推进实施者，始终参与其中，对于幼儿的行为能最直接地进行捕捉，并根据捕捉到的信息进行分析评价，获取有效信息。为了保证评价的客观性，教师采取轶事记录的形式进行记录，客观记录幼儿语言、行为等信息，最后进行综合分析评价，包括活动的兴趣、内容的选择及过程中幼儿多种能力的显现与发展。

②检核表评价。依据项目活动幼儿发展检核表，梳理幼儿的典型行为表现，对幼儿实施阶段性评价。

③作品评价。作品是幼儿在项目活动中最明显的成果之一。作品评价以幼儿的作品为评价对象，从表达的是什么、关注的是什么及心里感觉怎么样三个方面着手，促进个体经验的回顾和再认知。

3. 多元形式实现评价

在项目活动结束后，幼儿可以运用绘画、角色表演、儿歌、雕刻等形式来呈现，这将有助于幼儿有效回顾经验，并丰富项目活动内容。

①以"绘"为主调。幼儿在项目活动结束后利用绘画的方式进行表现，包括创意绘画和创意手工，根据项目主题布置作品展。例如，在"'纸'趣横生"的项目式学习活动结束后，中一班幼儿举办了一场"纸的妙妙秀"纸艺展。

②以"演"为主旨。幼儿根据项目活动的主题进行角色表演，演绎项目活动的探究之旅，幼儿自己定角色、选服装，在不同的主题演绎中感受丰富的项目活动内容。

③以"唱"为主题。幼儿将项目活动过程中自己的发现创编加工成一首首朗朗上口、浅显易懂的儿歌，并录制成视频。

四、研究成果

（一）提升了教师的项目化学习实施水平

通过本课题的研究，其一，本园教师深入了解了项目化学习的核心理念，对项目化学习的概念和生成性有了更深入的理解；其二，教师在项目化学习的设计与实施能力上有显著提升，形成了项目化学习案例集（详见附件）；其三，本园实践并提炼出项目化学习的流程与方式，并在教育实践中得到了检验。

（二）丰富了幼儿园科研成果

通过本课题的研究，本园课题组制作了《基于产业园的幼儿项目式学习故事集》，陆续开展了"纸的妙妙秀""神奇的扎染世界""木艺时光"等项目成果作品展。在Y区教研室组织的区域联动中，我园对区内教师进行了原创活动"小小服装设计师"教学展示，"三馆十坊"特色项目活动的展示也赢得了幼儿教育同行的高度评价。相关活动多次被报道并不断推广，得到了社会各界的强烈反响，进一步扩大了幼儿园的影响力。

（三）提升了幼儿园社会影响力

在本课题的研究过程中，得到了家长的积极肯定，以项目活动为纽带，让家长更多地走进幼儿园，家长对幼儿参与项目活动的支持率越来越高，加强了家园互动合作。

在本课题的研究过程中，有题为×的多篇新闻在×发表，得到了产业园区内多家企业的大力支持和高度评价，累计开展了×次项目化学习活动/研学活动，研究成果得到了社会各界关注，有效提升了产业园的社会影响力，在园企跨界联动中共育幼儿快乐成长。

参考文献

[1]杨佩佩."幼有所育"民生短板，杭州这么补！[J]杭州（周刊），2021（11）：26-29.

[2]杭州市发展和改革委员会，等.关于产业园区嵌入式幼儿园的政策解读[EB/OL].（2020-07-08）[2023-09-25].http://z.hangzhou.com.cn/2020/hzrmzfgb/content/contsnt_770513.html.

[3]张菲.产业园区嵌入式幼儿园建设的杭州探索[EB/OL].（2021-12-16）[2023-09-25].http://www.urbanchina.org/content/content_8120285.html.

[4]邵悦.幼儿园项目化学习的实施策略探析：以上海市C幼儿园"种植鸡毛菜"项目为例[J].教育观察，2022，11（6）：56-59.

[5]桑国元，王佳怡.项目化学习在幼儿园活动中的实施[J].教育理论与实践，2021，41（26）：61-64.

[6]唐晓慧，陈晓雨，胡君梅.项目学习（PBL）模式对幼儿教育的启示[J].西藏科技，2018（3）：37-39.

（资料来源：宁波市鄞州区涣海幼儿园课题文本）

拓展阅读

●刘景荣.幼儿园课题研究：以"基于自然的生态化园本课程构建的研究"为例[M].广州：广东高等教育出版社，2018.

●徐世贵，李淑红.做个研究型教师：微课题实施研究指南[M].上海：华东师范大学出版社，2019.

 拓展资料：范例推荐

●国家社科基金教育学一般课题"农村幼儿教师专业生活的田野研究"结题报告（http://onsgep.moe.edu.cn/edoas2/website7/level3.jsp?id=1674108537797721）

●国家社科基金教育学一般课题"以儿童学习为中心的中国情境教育范式的建构与国际比较研究"结题报告（http://onsgep.moe.edu.cn/edoas2/website7/level3.jsp?infoid=1335254564530193&id=1674093748067705&location=）

第十章　幼儿教育论文的写作

 学习目标

1. 了解幼儿教育论文写作的含义和意义。
2. 掌握幼儿教育论文的写作框架和要求。
3. 能分析已有幼儿教育论文存在的问题并提出修改建议。

 思维导图

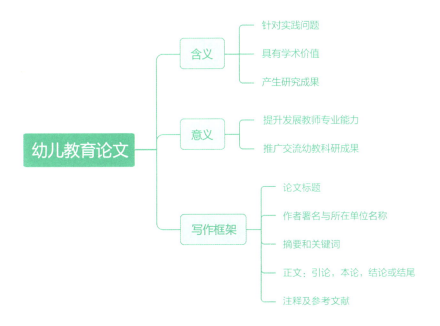

幼儿教育论文：
《依托产业园
开展项目化学习
活动的探究》

项目任务

　　请扫码阅读幼儿教育论文《依托产业园开展项目化学习活动的探究》，根据所学分析该论文中存在的问题，要求分点罗列。

　　党的二十大报告指出："必须坚持问题导向。问题是时代的声音，回答并指导解决问题是理论的根本任务。"习近平总书记强调，要"教育指导广大科技工作者传承老一辈科学家以身许国、心系人民的光荣传统，把论文写在祖国的大地上"①。幼儿园教师兼具一线实践者和幼儿教育研究者的身份，要学会发现问题、分析问题和解决问题，而论文作为分析、思考问题和分享解决问题智慧的有效载体，是幼儿园教师实践与研究的常见成果形式，也是其经常要面对的文体。

　　成为一名幼儿园教师，在工作场域中会自然而然面对诸多教育问题或难题，而面对这些教育实践中遇到的问题和难题，会逐渐在不断探索、解决问题中得出诸多优秀的教育方法和经验，这时候就会想着将所做的教育实践上升到理性的角度，想着将研究获得的经验分享给同行，想着去表达自己的观点和想法等。而论文写作就是幼儿园教师思考问题、总结经验和分享观念的必经之路。但是，在实践中，幼儿园教师对幼儿教育论文写作的畏难情绪较大，有的幼儿园教师说："对于一线的幼儿教师来说，提到写论文，有种又爱又恨的感觉，因为每每感觉内心有好多的教育实践感触想要表达出来，但一提起笔，就有种'江郎才尽''书到用时方恨少'的尴尬。"因此，到底什么是幼儿教育论文？幼儿教育论文与科研论文一样吗？为什么要撰写幼儿教育论文，如何撰写幼儿教育论文，有哪些写作要求？

一、幼儿教育论文的含义和种类

　　"论文"，可以看一下这个词语的结构——"论"和"文"，因此它先是一种文章，而后其有别于其他文章的特殊地方在于"论"字。这里的"论"可以作为动词也可以作为名词进行理解。当"论"作为动词时，"论文"就是主要用来"论理"的文章；当"论"作为名词时，"论文"则主要是"理论"性的文章。

　　钱震华等认为，论文是进行科学研究和探讨问题并描述其成果的学术性与理论性的文章，且一般具有四个基本特征，有核心概念、有论点、有论据、有较强逻辑结构的论证。②

　　阚智认为，对于教师来说，论文就是教师总结教育教学和教科研活动成果的一种文

① 习近平.切实加强基础研究　夯实科技自立自强根基[N].农民日报，2023-02-23（1）.
② 钱震华、王丽琴.让教师不再害怕写作：八种常见教育文体撰写"地图"[M].上海：上海三联书店，2019：238-239.

字表达方式，是同行间进行学术研讨交流的一种载体。①

王洪义认为，论文也叫"科学论文或研究性论文"，它与一般所谓"文章"不同，它不是用来表达个人心情、感受和即兴看法的，而是用来记录科学研究过程和表述科学研究成果的。②

东乡熊二等认为，论文是"对于学术上的特定问题，以充分的依据为基础，说明主张，拿出证明，从理论角度进行阐述而构成的著作"。③

综上所述，论文是对问题的研究和讨论，要有论点、论据和较强逻辑结构的论证，是用以表达和交流研究过程与研究成果的有一定学术性及理论性的文章。

 核心观点10-1

> 论文要有对问题的思考，要有核心概念，要有论点、论据和论证，要有一定的学理性。

关于幼儿教育论文的内涵，最早于1998年由关世英提出，即"幼儿教育论文是用来对幼教领域进行科学研究和表述幼教科研成果的文章"④。幼儿教育论文是学术研究的结晶，而不是一般的"收获体会"，应有学术性。也就是说，幼儿教育论文主要是幼儿教育工作者根据在实践中研究的一些问题而写成的具有一定的学术性并体现一定研究成果的应用性文章。

幼儿教育论文又可以依据论证方法的不同分为四种类型，分别是经验型论文、研讨型论文、评述型论文和学术型论文。⑤

经验性研究形成经验型论文。将教育实践中获得的经验经过优化组合的理论总结，从中发现规律性联系，把这种认识加以论证、提炼、归纳，使之条理化、理论化，最后导出经验型的幼儿教育论文。

研讨性研究形成研讨型论文。为证实某一实验，或为解决某一问题，通过实践、活动证实原来的设想，或通过研讨从理论和实际上回答问题、提供决策，最后导出研讨型的幼儿教育论文。

评述性研究形成评述型论文。它是针对保育、教育领域在一定时限里的活动、情况、现象、论争、做法、特点、教派、问题等进行专项综述和评析，最后导出评述型论文。

学术型论文是要通过学术性研究，在充分运用实验、调查及各项实践所获材料的基础上，经过综合分析、推理判断，从感性认识上升为理性认识，揭示并论证保教规律，创造出新的科学理论知识，最后导出学术型的幼儿教育论文，如案例10-1所示。

---

① 阚智.中小学教师教研工作读本[M].合肥：安徽教育出版社，2015：151.

② 王洪义.6个台阶艺术类论文写作攻略[M].哈尔滨：哈尔滨工业大学出版社，2014：1.

③ 东乡熊二，刘笑明，刘矗，等.文科研究指南：帮你迅速掌握做课题、写论文的秘笈！[M].天津：南开大学出版社，2013：50.

④ 关世英.幼教应用文写作[M].山西教育出版社，1998：157.

⑤ 同④162-163.

　　一线教师撰写的论文，大多数是关于教育实践的，主要是分享自己的教育实践经验，也就是将自己教育实践的所思所想写成文章，与同行分享，这和高校教师写的学术论文有着较大的区别。幼儿教师撰写的幼儿教育论文更倾向于上述提到的经验型论文、研讨型论文、评述型论文，而专职研究人员或高校教师撰写的幼儿教育论文更倾向于学术型论文，如案例10-1。幼儿教师在撰写幼儿教育论文时，其研究问题主要来自对本地、本园和本班幼儿发展水平的思考或对当前教育实践存在问题的探究。写论文时，从自己的教育实践经验出发，审视自己拥有的经验或思考是否值得与同行分享，充分发挥"主体"意识，写自己的实践经验和教育思考，当然其中可能包含借鉴他人经验的成分。

 案例10-1

看电视对幼儿执行功能的即时与长时影响
——基于一项追踪研究的发现

熊怡程[1] 喻昊雪[1] 刘玉平[2] 李 卉[1]

（1 华中师范大学教育学院，武汉 430079；

2 华中师范大学幼儿园，武汉 430079）

　　[摘 要]执行功能是幼儿诸多方面发展的心理基础，电子媒体对幼儿执行功能的发展有着重要影响。本研究采取间隔6个月、持续1年的追踪设计，利用交叉滞后分析，验证看电视对幼儿执行功能的即时与长时影响。结果发现，随着时间的推移，幼儿12个月后的执行功能得分显著高于幼儿在研究开始时和6个月时的执行功能得分；在研究开始、6个月和12个月这3个时间点上，幼儿周末看电视的时间都显著多于平时；在这3个时间点上，幼儿每周看电视时间均与其执行功能呈负相关关系，表明看电视对幼儿执行功能有即时的消极影响，但是看电视不能长时预测幼儿的执行功能，表明看电视时间与幼儿执行功能的纵向关联不显著。为保护幼儿的执行功能不受电视的即时负面影响，父母应避免让幼儿过早接触电视，科学控制幼儿的电视收看行为，丰富幼儿假期在家的一日生活，增加亲子相处时间，用现实游戏等真实互动代替媒体形式的活动。

　　[关键词]执行功能；电视；电子媒体；学前儿童

（资料来源：熊怡程、喻昊雪、刘玉平等：《看电视对幼儿执行功能的即时与长时影响：

基于一项追踪研究的发现》，《学前教育研究》2022年第8期）

 小练笔10-1

　　扫码阅读幼儿教育论文《幼儿园民间游戏课程的构建》，请判断该论文属于哪种类型，并说明判断理由。

幼儿教育论文：
《幼儿园民间游戏
课程的构建》

二、幼儿教育论文撰写的意义

幼儿教育论文从做到写不仅仅是形式的变化，更是对思考力和思维力的考验。以文字为载体表达观点和思想，往往需要全面理性地进行实践梳理，其过程对于幼儿教师而言是一次专业性的思考，是提升教师专业素养的必经之路。

（一）提升发展教师专业能力

幼儿教育论文是检验写作者的思想水平、认识能力、理论修养的"窗口"。幼儿教育论文的写作是一个"回顾梳理—总结提炼—思考加工—撰写修改—再撰写再修改"的过程，这一过程有利于幼儿教师对自身丰富且凌乱的教育实践经验进行梳理和总结，有利于幼儿教师对教育实践中发生的问题进行更系统深入的分析，有利于幼儿教师对教育过程中自己的教育行为进行全面切实的反思等，使得教师的反思能力和研究精神不断加强。当然，幼儿教育论文的写作对教师评优晋级也至关重要，是提升幼儿教师专业性和研究能力的有效途径，是其成为一名研究型教师的关键步骤。

（二）推广交流幼儿教育科研成果

好的幼儿教育经验或当前面临的教育实践问题被积极探究或解决后，需要将这些经验或策略在更大程度上进行传播和分享，这就需要通过幼儿教育论文的撰写和发表使得更多的幼儿教育工作者看见与学习。论文写作既是训练思维的过程，也是关心社会、关心国家幼儿教育发展水平和未来教育的过程。幼儿教育科研成果要产生社会效果、经济效益，就得靠写幼儿教育学术论文把它描述出来，公诸于世，以对其他幼儿教育工作者有一定的参考和借鉴意义，即供大家进行交流讨论或持续实践探索，为更好地了解幼儿，提升幼儿教育质量，为创立具有中国特色的社会主义幼儿教育体系提供翔实的材料和科学的依据。

三、幼儿教育论文的写作框架及要求

2023年，全国标准信息公共服务平台发布了《学术论文编写规则（GB/T 7713.2—2022）》，该标准于2023年7月1日起正式实施。该规则将论文的必备构成元素分为前置部分、正文部分和附录部分，其中，前置部分包括题名、作者信息、摘要和关键词，正文部分包括引言、主体、结论及参考文献。一般而言，幼儿教育论文主要由论文标题、作者署名与所在单位名称、摘要和关键词、正文、注释及参考文献等部分组成。

（一）论文标题

选题是决定论文成败的关键问题。南京师范大学郭良菁副教授鼓励幼儿教师聚焦实践中遇到的问题，放平心态，多关注身边的感受和发现。比如，观察幼儿的表现，或者听到幼儿话语中有深意或值得探讨的内容等，对这些问题表达自己的思考，梳理自己的经验，从而形成选题。不要急于去杂志看别人选了什么题，而是回到自己的生活观察身边的实践，慢慢酝酿出属于自己的独特选题。

第一，幼儿教育论文的选题要紧扣幼儿教育实践中存在的现实问题。首要思考当前日常教育教学实践中发生或发现的各种问题，或者当前幼儿教育实践中的热点、难点问题，关注当前幼儿发展的实际表现，以此生成论文题目。不可虚假编造、无中生有。

第二，幼儿教育论文标题的选择要大小适中。对于幼儿教师而言，建议先从"小""细"处着手，"小题大做"，选题不可过"大"过"空"，如研究对象不明确、研究内容不聚焦、研究范围不明晰等。例如，《落实国家要求，设计有效的集体教学活动》这一题目中的"国家要求"不知道具体指向哪个要求，"集体教学活动"范围过大，有效教学也是一个特别大的命题，一篇小论文是不可能把这么大的问题讲清楚的。

 案例10-2

原标题：《劳动教育课程设置》

修改后标题：《幼儿园户外自主游戏中的劳动教育研究》

案例分析：原标题只表明研究内容是劳动教育，研究对象是劳动教育课程。劳动教育是近年来的热门话题，对其进行研究是有价值的。但是，原标题过于宽泛，具体从什么视角来研究劳动教育，劳动教育是幼儿园的，还是小学的、初中的、高中的，都需要明确一下。因此，标题需要进一步聚焦和明确，从哪个视角来进行劳动教育课程研究。文章主要讲述的是怎样通过户外自主游戏对幼儿进行劳动教育。因此，将标题调整为《幼儿园户外自主游戏中的劳动教育研究》。

第三，论文标题一般不超过20个字，标题在论文中的不同部分出现时，应完全相同。如标题语意未尽，可用副标题补充说明论文中的特定内容，主副标题使用要合理。一般来说，主标题表达论文的中心论点或核心观念或核心概念，揭示论文的精神实质；副标题表明论文的课题范围，限定研究范围、研究对象或学科范围等[1]。例如，《园本课程背景下幼儿园劳动教育实践探究——以"大带小"活动为例》，表明是在以"大带小"的活动中进行幼儿园劳动教育的实践探究，限定了研究范围；又如，《幼儿园劳动教育实施现状调查及推进途径——基于河池市金城江区8所幼儿园的调查》，表明是对河池市金城江区8所幼儿园的劳动教育现状进行调查，限定了研究对象。

第四，论文标题反映关键词和关键主题，不可为了好看和工整，文不对题，不知所云，要以最确切、最简明的词语反映论文中最重要的特定内容的逻辑组合。例如，《立根于文化，树人于无形》，这一题目看似有文采，实则不清楚它要研究什么。学术论文的写作不需要过于刻意追求文采飞扬和辞藻华丽，更重要的是观点明确，表达明晰。

第五，论文标题的表述应以简洁明了的陈述句为主，一般不要使用感叹句或祈使句，

---

① 李成森.建筑应用写作实务[M].北京：北京理工大学出版社，2017：159.

要以表明一个观点为主，不能只是描述了一个结果，要尽可能精简规范，不可过于烦琐和赘余。

 案例10-3

原标题：《论如何在小学英语线上教学中运用形成性评价提高学生自主学习的能力》

修改后标题：《小学英语在线教学形成性评价应用策略探析》

案例分析：此论文的选题是非常有价值的，评价是我们中小学所有学科都面临的问题。在线教学刚刚开始的时候，大家对教学中如何对学生进行评价都在探索、摸索中。作者做了尝试，并提供了一些有益经验，这对小学英语教师会有启发，同时，对其他学科的教师也有一定的借鉴意义。此论文主要是讲小学英语在线教学如何进行形成性评价。标题要表明主要观点，而不是陈述一个事实。原标题是一句话而不是一个标题。"提高学生自主学习的能力"是细节性的内容，不是论文探讨的重点，不需要在标题中出现。标题要概括出论文的核心内容和主要观点。根据论文的内容，论文标题修改为《小学英语在线教学形成性评价应用策略探析》。[1]

第六，论文标题的选择要有新意，有吸引力，要尽可能抓住幼儿教育领域中别人没有发现或没有涉及的新问题，或者对于别人研究过的问题，要站在新的角度或采用新的方法，提出具有理论意义或实用价值的新观点或新结论。例如，《放手后的风景更美——基于儿童视角创设主题墙的行与思》，不同于以往的成人视角，能从儿童的视角来创设主题墙；又如，《以社区为教育实践基地：家园社协同育人模式的创新之路》，能充分挖掘社区的力量创新家园社协同育人模式。

 小练笔10-2

请评析以下论文题目存在的问题，并给出改进建议。

1. 幼儿表演游戏的一般开展思路——以中班表演游戏《小红帽的故事》为例
2. 浅谈幼儿园教育质量的发展路径
3. 左手家，右手园，相握伴成长——家园合作是幼儿园发展必然趋势
4. 幼儿园如何在日常生活劳动中渗透美术教育
5. 幼儿园环境创设研究
6. 幼儿园集体教学中提问的误区及对策

（二）作者署名与所在单位名称

作者署名与所在单位名称按作者在研究中的贡献、作用进行排名，并写清楚其所属

① 谢晓英.教师如何写论文：来自编辑的建议[M].上海：华东师范大学出版社，2023：31.

的工作单位及所属地即可，当然不同类型的幼儿教育论文和不同期刊的要求会略有不同。

（三）摘要和关键词

1. 摘要

论文摘要要简明扼要写明论文的关键信息，应具有独立性、自含性，即不阅读论文全文也能获得论文中的必要信息。论文摘要有论点，有论据，有结论，是一篇完整的短文，可以独立使用、引用。论文摘要可供读者确定有无必要阅读全文，也可供文摘第二次文献采用。[①]

 案例 10-4

摘要：学校一贯以课程改革工作为核心，树立全面、和谐、可持续的发展观，以课堂教学改革为契机，以培养高素质的学生为目标，以形成扎实、有特色的课堂教学为突破口，以灵活、实效的教研活动为途径，落实"基于核心素养、灵动课堂、趣味学习、全面发展"的教学目标，促进学校课程改革工作的可持续发展。

案例分析：若没有"摘要"二字作为提示，则读者看不出这是一段摘要。这段所谓的"摘要"更像文章开头第一段话——文章引言。读者通过这一摘要无法获取文章的有效信息，没有看到文章的关键内容。[②]

摘要字数一般以300字以内为宜，让读者通过摘要明晰选择该主题的重要性或必要性、当前存在的问题，本文研究采取的实践行动和最终获得的研究成果，等等。特别是学术型幼儿教育论文，规范摘要包括三部分内容：一是写作目的，交代为什么要写这篇论文；二是研究方法，介绍本文用什么方法进行研究；三是研究结论、成果，通过研究得出了哪些结论或成果。如前述案例10-1所示。

特别要注意的是，摘要要用第三人称叙述的方式来写作，而不用第一人称，即不要出现"我""笔者"等类似的词语。

2. 关键词

关键词是为了方便读者进行文献检索而选用的可表达文章主题内容和信息的词语或词组。如《看电视对幼儿执行功能的即时与长时影响——基于一项追踪研究的发现》一文的关键词是"执行功能；电视；电子媒体；学前儿童"，这四个词是从论文的标题、摘要中选取的，能反映论文的内容特点。

关键词要求简洁、准确，一般以3～5个词为宜，便于做主题索引及计算机检索。关键词按照反映主题的重要性来排序，表达核心主题因素的关键词排在前面，表达非核心主题因素的关键词排在后面。但是，在《早期教育（教育教学）》《幼儿教育（教育教学）》等面向一线幼儿园教师的刊物中，经验型论文、研讨型论文、评述型论文中摘要

---

① 李成森.建筑应用写作实务［M］.北京：北京理工大学出版社，2017：159.
② 谢晓英.教师如何写论文：来自编辑的建议［M］.上海：华东师范大学出版社，2023：42.

和关键词也可省略。

 小练笔10-3

请评析幼儿教育论文"摘要""关键词"的不当之处，并重新优化摘要，提炼关键词。

幼儿园环境特征与儿童发展的关系初探

摘要：游戏是学龄前儿童学习知识、提高适应能力的主要途径。兴趣是引发游戏行为和学习的动力。学龄前儿童对哪些环境要素感兴趣？可通过对儿童画抽样调查的方法寻求解答。

关键词：学前期儿童；幼儿园环境要素；游戏；儿童的兴趣；户外游戏；环境

（四）正文

幼儿教育论文正文部分包括引论、本论和结论三个部分。

1. 引论

引论，又称为绪论、前言或引言，是正文一开始的引导部分。引论无须内容太多，紧扣论文主题，简单、明了，一两段话把论文话题引出即可。该部分的撰写要切题、精练、突出精髓，要交代清楚问题提出的背景、问题研究的价值、当前关于该主题研究的现状、本文研究的主要研究方向等。

 案例10-5

学前期的幼儿活泼好动，缺乏安全意识和自我保护能力，因而其发生安全事故的概率比其他发展阶段的个体都要高。研究显示，3～6岁的幼儿对环境具有特别广泛的接受性和极为强烈的依赖性，此时他们还不具备对周围环境的辨识能力，不能分辨事物的好坏、对错和善恶。正是幼儿不具备基本的自我保护意识，以及在遇到危险时的自我保护能力，导致各种安全事故频发，严重影响了幼儿的身心发展，幼儿安全由此也成了各方关注的焦点。保障幼儿的身体与心理健康是幼儿园的重要工作，也是一切教育教学工作开展的基本前提，幼儿园应该将培养幼儿的安全意识和自我保护能力作为一项长期与常态化的工作来抓，通过开设专门的安全教育课程、创设安全教育环境、强化幼儿实践锻炼等途径拓展幼儿安全教育的覆盖面，形成幼儿园、家庭和社会"三位一体"的幼儿安全教育模式与机制，切实提高幼儿的安全意识和自我保护能力。

（资料来源：贾艳秋：《幼儿安全意识和自我保护能力的培养》，《学前教育研究》2022年第11期）

案例分析：这篇论文的引论部分，清楚地交代了当前幼儿缺乏安全意识和自我保护能力，容易发生安全事故这一背景，交代了当前关于幼儿安全意识和自我保护能力的相关研究现状，引出重视幼儿安全意识和自我保护能力培养的重要性和必要性，进而指明本次研究主要从开设专门的安全教育课程、创设安全教育环境、强化幼儿实践锻炼等途径提高幼儿的安全意识和自我保护能力，指明了本文的主要研究方向。

 案例10-6

主题活动是幼儿园学习活动的重要组成部分。随着教育改革的推进，以儿童发展为本的理念深深扎根于教师心中，教师越来越意识到在主题活动的开展中应聚焦于儿童立场，引发儿童的主动学习。然而，当我们走进主题活动现场，与教师一次次交流主题活动的实施时，我们发现要让教师的理念真正落地还存在着种种困难。于是，我们在区内组建了由不同层级实验园的教师构成的研究团队，尝试打破惯有的思维方式，站在儿童立场，以发现儿童、支持儿童为核心，以引发儿童主动学习为切入点，开启优化实施主题活动的新探索。以下将以大班主题活动"我自己"为例，谈一谈我们在主题活动优化实施中的一些思考与尝试。

（资料来源：李蓓：《优化主题实施　引发主动学习：以大班主题活动"我自己"为例》，

《幼儿教育》2022年第Z1期）

案例分析：这篇论文的引论部分，首先简要地交代了当前主题活动开展基于儿童立场，引发儿童主动学习的重要性；其次指出了当前实践中主题活动实施存在的困难；最后指明本文研究主要站在儿童立场，以引发儿童主动学习为切入点，以大班主题活动"我自己"为例来开展主题活动优化实践，指明了本文研究的方向。

2. 本论

本论部分是正文的核心部分，也是论文成功与否的关键，要充分呈现出作者的论点与论据。这一部分的撰写要遵循以下几个原则。

一要遵循"层次分明"的原则，要先梳理思路，搭建论文整体结构框架，思考并撰写好论文的大标题和小标题，反复推敲大小标题之间的逻辑关系，如并列关系、递进关系、对比关系等，向读者清晰地呈现你的研究思路。

二要遵循"论点鲜明"原则，要在显著位置提出自己的论点，展示自己富于新意和富于创造性的幼儿教育研究成果，不要将这些闪光的东西淹没在琐碎的论述和烦琐的材料之中，一般建议放在每段的段首。

三要使得中心论点统帅分论点，分论点紧紧围绕中心论点，要将中心论点分解成若干分论点。中心论点是幼儿教育论文中居统帅地位的观点。分论点是从不同角度、不同层次支持、证明中心论点的观点。

四要处理好论点和材料的关系，要选择能说明或证明论点的材料作为论据。材料的选择要确保真实可靠，有切实意义，要能很好地支持所论证的论点。既不应该有不能用材料证明的论点，也不应该有与论点偏离的材料，更不应该有与想要证明的论点方向相反的材料。值得注意的是，引用他人的观点或材料等均需要一一做好注释，用序号等上标注于引用内容的后面，并将对应的文献罗列至参考文献处。如果是对原文的直接引用，那么引用内容要加上"双引号"。

五要注重论证语言的严谨性和规范性。幼儿教育论文的语言文字不同于其他文学作品，要求语言精练、严谨、简洁、准确、通顺、规范，避免使用非专业性语言，文字表述要注意前后逻辑，避免文字信息重复、语言表述错误、口语化、意识模糊不清和名词术语使用不规范等。

六要注重图和表使用的规范性。一般而言，不同的期刊对于幼儿教育论文中的图、表字体大小有一定的要求，比如，有些期刊要求字体一律为"楷体、小五"等。此外，图的标题要放在图的正下方，而表的标题一般放在表的正上方。

 案例10-7

一、需要层次理论与幼儿园环境创设的内在联系

二、幼儿园环境创设的困境

（一）必要设施配备欠缺，活动受限

（二）规范条例存在隐患，威胁安全

（三）精神环境高控紧张，幼儿恐慌

（四）作品展现留心个别，忽视整体

（五）班级环境教师包办，幼儿被动

三、需要层次理论在幼儿园环境创设中的实现路径

（一）完备户外室内基建，保障生理需求

（二）完善园所各项制度，守护幼儿安全

1. 环境创设要保护幼儿人身安全

2. 环境创设要保障幼儿情感安全

（三）营造平等宽松氛围，充盈幼儿归属与爱

1. 环境创设要重视幼儿的参与

2. 创设积极的班级心理环境

（四）环境展示兼顾全体，满足幼儿尊重需要

（五）创设非准备性环境，保证幼儿自我实现

（资料来源：徐珊璐，刘小群，姚钰：《幼儿园环境创设的困境与突破：基于马斯洛需要层次理论》，《豫章师范学院学报》2022年第6期）

案例分析：这篇论文正文框架层次分明，从梳理需要层次理论与幼儿园环境创设的内在联系入手，结合当前幼儿园环境创设存在的困境，结合需要层次理论提出实现路径。而且大标题和小标题之间、小标题与小标题之间的逻辑关系相对比较清晰，鲜明地指出了当前幼儿园环境创设存在的五大困境以及基于需要层次理论提出五大实现路径。

小练笔10-4

请根据本论部分所学，评析案例论文，将发现的问题分点罗列并陈述理由。

浅议重视幼儿教育中的家园合作

幼儿的健康成长要有一个良好的环境。幼儿园与家庭是影响幼儿发展的两大主要环境，蕴含了丰富的教育资源和教育内容，需要双方协调一致，形成教育合力，才能促使儿童身心全面和谐地发展。家园合作的核心是幼儿，他们是幼儿园和家庭服务的共同对象，促使儿童的全方面发展是家园合作追求的最终目标。家园合作需要合作双方有积极主动的态度，它既包括家长对孩子的爱心与责任感、对幼儿园乃至整个教育的信任与支持，也包括教师对家长的热情接纳和对家长参与的信心。

1. 家园合作的意义

幼儿园和家庭是影响幼儿发展的两个最重要的环境，只有双方互相配合、互相支持，才能为幼儿营造良好的教育环境，才能更好地促进幼儿的发展，才能真正意义上达到家园合作的目的。

1.1 有利于幼儿身心发展

幼儿园是幼儿一日生活的重要场所，幼儿教师是专业的教育工作者，具备专业的教育技能，并结合幼儿身心发展的特点，对幼儿进行有效的教育。家庭更是幼儿成长过程中的重要环境，家长是幼儿最亲近的人，家长对幼儿的了解也是全方位的，因此，家庭教育在幼儿发展中起着长期的作用，两者将各自的优势结合起来，充分发挥各自的长处才能有效地形成教育合力。

1.2 有利于家长了解幼儿在园生活

家园合作不是以单方为主的"配合"，而是二者同时肩负着启蒙教育的重要任务。如今幼儿的一日生活都是以在园为主的，家长很少有机会了解幼儿在园的生活。因此，家长与教师应该相互间交流有关幼儿的信息，这种双反信息的反馈会形成教育合力。同时，家园合作也为教师和家长，家长和家长之间提供了交流与分享的机会，家长应多给幼儿园和教师提出宝贵的意见与建议，教师也可以从家长那里获得更多有关幼儿的有效信息，了解家长对教育的理解和期望，并从教师的专业知识和工作经验中获得帮助。

1.3 有利于树立科学的家庭教育观

父母是幼儿的启蒙教师，也是终身教师。在幼儿成长过程中，家庭教育是重要的部分。家长对孩子的影响是牢固而深刻的，在孩子的世界里家长的行为潜移默化地影响着他们。家长的性格、行为举止等对孩子的健康成长起着举足轻重的作用。幼儿本身就善于模仿，因此模仿的对象是很重要的，家长有不可推卸的责任。教师应加强与家长的沟通，了解家长对孩子教育的需要。现在的家长大部分忙于工作，常常忽略了对孩子的家庭教育，觉得教育是幼儿园的事情，父母只需要缴纳相应的费用，剩下的就交给幼儿园，这种想法是绝对不可以存在的。这时候教师就应该转变家长的观念，让其明白家庭教育的重要性。这需要教师与家长密切沟通，从而激发他们参与教育的兴趣。家园合作可以使家长逐步意识到自己也是孩子教育过程中的主体，自己有这份责任与教师、幼儿园合作，共同培养孩子全面发展。

2. 家园合作的途径

《幼儿园工作规程》指出："幼儿园应主动与幼儿家庭配合，帮助家长创造良好的家庭教育环境，向家长宣传科学保育、教育幼儿的知识，共同担负教育幼儿的任务。"即幼儿园要发挥主导作用，要充分重视并主动做好家园衔接的工作，让家长与幼儿园在幼儿教育方面形成统一的认识，并通过一系列的环节与活动让家长更直观地了解幼儿在园的一日生活及在园的表现。但传统意义上的家园沟通就是所谓的"家长会"，都是教师讲家长听，几乎没有彼此交流讨论的机会，导致家长在这个过程中没有参与性，很多幼儿在家发展的问题也得不到解决，幼儿的教育和发展就会被忽略很多，因此想要家园合作就要两者经常沟通，及时反馈幼儿在园及在家的情况。

2.1 进行家访

每个新学期幼儿园会对转学幼儿进行家访。通过家访，教师真正地了解幼儿，也让家长知道幼儿在园的表现。通过这样的形式，教师会了解不同幼儿在家的生活表现、成长过程、个性发展情况等，多与幼儿交流。

2.2 家长开放日

幼儿园每学期都会组织一次家长开放日活动，让家长走进幼儿园，参与观摩幼儿早上的来园活动到早操环节、点心环节、教学活动等环节，将集体教育活动从不同的侧面展现在幼儿家长的面前，让家长更直观地了解到孩子在园的生活，了解孩子在集体活动中的表现，然后有针对性地加以指导。接下来的环节是教师针对平时家长的配合（亲子作业、材料的提供）等方面做总结。班里大部分家长在平时的配合上还是比较好的，能认真带幼儿一起完成亲子作业，平时教学活动中所需的物品也能及时带来，但还是有部分家长总是不配合教师的工作，让其带的东西不带，导致幼儿在一些教学活动中无法参与。因此在这个环节中教师要做好家长的工作，让其知道只有双方共同配合才能使幼儿在活动中成长。活动过后，家园之间互相讨论并提意见。园内会制作两份表格，一份是家长对幼儿园的建议和需要改善的地方，可以通过这样的方式写下来，幼儿园会结合家长的意见做相关的改善；另一份是家长对教师及保育员的点评，通过几项评判的标准给教师和保育员打分。半日活动是最直观有效的一种方式。这样的活动一学期可多次组织。

2.3 网络平台

网络时代的到来不仅给交流和联系带来了方便与快捷，而且为幼儿园的家园合作开辟了新的途径。教师通过QQ或微信群聊建立家长群，教师可以将幼儿在园的一些活动视频或照片分享在群里，家长也可以通过家长群一起讨论幼儿在家的一些情况，或者一起讨论亲子作业。家长将自己的作品展示在群里，家长间就会形成一种对比，这样家长的积极性也会提高。本班幼儿大部分都是由爷爷奶奶带着的，爸爸妈妈很少有机会能好好与教师交流，通过QQ或微信，家长与教师可直接在网络上交流反映幼儿的情况。因此，直接将网络作为教师与家长、家长与家长间有效的、密切的快捷通道，是教育中可以利用的有利资源。

3. 结语

总之，家园合作是幼儿园开展教学工作中必不可少的一部分，幼儿的成长和发展离不开家庭与幼儿园，两者的合力培养会给幼儿带来更趋于完善的教育。因此，家园合作是幼儿教育的重要途径，是每个家庭和幼儿园应尽的责任。

——江苏省昆山东方巴城幼儿园某教师

3. 结论或结尾

结论或结尾部分要与本论部分密切结合，是自然而然对本次研究得到的新结论进行总结性阐述，但是注意要对本论的观点进行科学的概括而不应是重复。结论的写作，要措辞严谨，逻辑严密，文字具体，且结论部分应具有结尾的作用。[①]当然，结论或结尾部分也可阐述在研究中仍存在的问题及下一步计划。

(五)注释和参考文献

注释规定为对正文中某一内容做进一步解释或补充说明的文字，一般置于当页页脚。按照GB/T 7714—2015《信息与文献　参考文献著录规则》的定义，参考文献是指"为撰写或编辑论文和著作而引用的有关文献信息资源"，置于文末。

在参考文献罗列的过程中，注意每条文献要对应正文中的标注，如实一一罗列，格式做到统一且规范。在引用的过程中，除非主题特殊要求，否则引用的文章不可过早，脱离当前的最新研究；要尽量引用权威文献，增强论文的可信度；引用的文献要标注，不可张冠李戴、胡编乱造；参考文献格式要规范等。

根据GB 3469—83《文献类型与文献载体代码》规定，不同的参考文献类型用不同的单字母标识：期刊是J，专著是M，学位论文是D，论文集是C，报纸是N，研究报告是R，标准是S，专利是P，等等。电子文献以双字母标识：数据库是DB，计算机程序是CP，电子公告是EB，等等。而非纸张型载体的电子文献在参考文献标识时还要注明其载体类型：网上电子公告是EB/OL，磁带数据库是DB/MT，光盘图书是M/CD，网上期刊是J/OL，等等。

一般而言，在幼儿教育论文写作时，用得最多的参考文献类型是期刊、学术论文、书籍、报纸、论文集和电子文献。以下为这些类型的参考文献的格式要求。

●期刊：作者姓名.文章名［文献类型标识］.期刊名，出版年，卷（期号）：起止页码.

例：贾艳秋.幼儿安全意识和自我保护能力的培养［J］.学前教育研究，2022，335

---

① 关世英.幼教应用文写作［M］.太原：山西教育出版社，1998：172.

（11）：83-86.

●学位论文：作者姓名.文章名［文献类型标识］.学校所在地：学校名，发表年份.

例：何静.少数民族文化融入幼儿园课程的个案研究［D］.长春：东北师范大学，2016.

●著作：作者姓名.书名［文献类型标识］.出版地：出版者，出版年：起止页码.

例：关世英.幼教应用文写作［M］.太原：山西教育出版社，1998：157.

●报纸：作者姓名.题名［文献类型标识］.报名，出版年-月-日（版次）.

例：江丽.什么样的环境才是理想的幼儿园环境［N］.科学导报，2022-09-13（B02）.

●论文集：作者姓名.题名［文献类型标识］//编者姓名.论文集名.出版地：出版者，出版年：起止页码.

例：仇鑫奕.汉语言专业留学生学士学位论文分析报告［C］//蔡昌卓.多维视野下的对外汉语教学研究：第七届国际汉语教学学术研讨会论文集.桂林：广西师范大学出版社，2009：225-229.

●电子文献：作者姓名.题名［文献类型标识/文献载体标识］.（更新或修改日期）［引用日期］.获取或访问路径.

例：萧钰.出版业信息化迈入快车道［EB/OL］.（2001-12-19）［2002-04-15］.http：//www.reader.com/news/20011219/200112190019.html.

当然，不同的幼儿教育论文期刊对于参考文献的格式细节要求略有不同，比如，有些期刊文章卷号可以省略。在论文发表前，需仔细阅读所投期刊的投稿要求，按要求进行修改即可。

 小练笔10-5

请指出下面学生作业中的参考文献部分存在的问题，在原文标出并尝试进行修改。

［1］方均君.幼儿园班级课程管理［M］.上海：上海交通大学出版社，2018：91-111.

［2］林秀如.家园互动的途径研究［J］.新课程（教研），2011年，8月

［3］李玲.家园同心，共同筑就安全屏障.新课程（教研），2011年，8月

［4］陈鹤琴主编.《家庭教育》［M］.华东师范大学出版社.1981年，8月

［5］中华人民共和国教育.《幼儿园教育指导纲要（试行）》［M］.北京：北京师范大学出版社，2001年，9月

［6］叶圣陶.《学习不光为了高考》［M］.

［7］方均君.幼儿园班级管理［M］.上海交通大学出版社，2018.

［8］张丹.让我们一起快乐入园——浅谈幼儿园小班入园管理［J］.科学大众（科学教育），2018（08）：87.

［9］史爱芬.幼儿园班级管理案例分析［M］.上海复旦大学出版社，2019.

——来自N校21级学生作业

　　幼儿教育论文的写作最重要的一是放平心态，认真学习；二是"做中学"，要多看、多做、多想、多写和多改，逐渐掌握幼儿教育论文写作的基本格式和写作规范。作为幼儿园教师，要意识到用研究的思想看待教育中的种种问题，在实践中不断探究、反思解决问题的方法，加强自身科研报国、科研强国的能力。当然，切不可为了所谓的论文发表，弄虚作假，篡改编造。因此，在论文写作的讨论上切不可偷懒和造假，只要通过坚持不懈的学习和长期的论文写作训练，相信同学们会对幼儿教育实践问题越来越敏感，对幼儿行为表现越来越关注，会有意识地去思考幼儿教育实践中每个教育现象存在的合理性，大胆开展教育研究，在研究中不断提升自己的反思能力和思维能力，成为一名有思考力、想象力、行动力和反思能力的研究型幼儿园教师。

 拓展阅读

● 冯卫东.今天怎样做教科研：写给中小学教师[M].北京：中国人民大学出版社，2021.
● 刘大伟.中小幼教师如何做好教科研[M].南京：南京出版社，2022.
● 谢晓英.教师如何写论文：来自编辑的建议[M].上海：华东师范大学出版社，2023.

 拓展资源：幼儿教育主要期刊

《学前教育研究》
《学前教育》
《幼教博览》
《幼儿教育导读》
《幼儿教育》
《早期教育》
《儿童与健康》
《幼教园地》
《幼儿教育研究》
《幼教365》
《东方娃娃（保育与教育）》

参考文献

［1］习近平.高举中国特色社会主义伟大旗帜　为全面建设社会主义现代化国家而团结奋斗：在中国共产党第二十次全国代表大会上的报告［M］.北京：人民出版社，2022.

［2］中共中央宣传部.习近平新时代中国特色社会主义思想学习纲要［M］.北京：学习出版社，2019.

［3］习近平.习近平关于调查研究论述摘编［M］.北京：党建读物出版社，中央文献出版社，2023.

［4］中小学和幼儿园教师资格考试标准（试行）［S］.北京：教育部师范教育司教育部考试中心，2011.

［5］王鼎钧.作文七巧［M］.北京：生活·读书·新知三联书店，2019.

［6］吴军.阅读与写作讲义［M］.北京：新星出版社，2021.

［7］刘军强.写作是门手艺［M］.桂林：广西师范大学出版社，2020.

［8］布朗.完全写作指南［M］.袁婧，译.南昌：江西人民出版社，2017.

［9］秦金亮，李伟亚，钱国英，等.幼儿园教师教科研写作［M］.北京：高等教育出版社，2011.

［10］李果新，肖体长.幼儿园教师文案写作知识与训练［M］.长沙：湖南人民出版社，2016.

［11］张玉梅.学期教育应用文写作［M］.北京：高等教育出版社，2013.

［12］周慧明.幼儿园教师实用写作［M］.上海：上海交通大学出版社，2019.

［13］赵惠岩，金华.幼儿教师应用文写作［M］.北京：北京理工大学出版社，2018.

［14］刘敏.幼儿园文案撰写规范与技巧［M］.北京：中国轻工业出版社，2022.

［15］李建平.怎样写好个人简历［J］.人才开发，1998（5）：1.

［16］方雷.写作高校新闻稿的道术之辨［J］.应用写作，2018（11）：27-30.

［17］李全智.探析撰写新闻稿的方法和技巧［J］.传媒论坛，2018，1（7）：85-86.

［18］孙艺涵.关于撰写新闻稿的写作方法和技巧［J］.新闻研究导刊，2017，8（10）：235.

［19］韩茂修，乔芳.把事情说清楚　把问题讲明白：谈如何提高大学生新闻稿写作质量［J］.应用写作，2020（9）：26-30.

［20］卡米雷特.活动策划实战全书：图解版［M］.北京：中国工信出版社集团，2020.

［21］宋梅.幼儿学期评语撰写行动研究［J］.教育测量与评价，2022（4）：55-65.

［22］丁海东.幼儿园优秀游戏活动案例：意义、类别、体例与特点［J］.福建教育，2019（42）：7-10，26.

［23］吴荔红.谈幼儿园优秀游戏活动案例的撰写［J］.福建教育，2021，1336（33）：6-7.

［24］梁慧娟.向优秀游戏案例学什么［J］.幼儿教育，2021，869（13）：4-8.

［25］周爱萍，余燕.游戏案例共享：一种幼儿园教研活动方式［J］.幼儿教育研究，2018，23（5）：54-56，62.

［26］孔繁如.对全国幼儿园优秀游戏活动案例的解读与思考［J］.吉林教育，2022，1024（3）：18-20.

［27］耿莹莹.命题速编故事［M］.开封：河南大学出版社，2016.

［28］高小康.人与故事：文学文化批判［M］.上海：东方出版社，1993.

［29］蓝凡.叙事与故事：故事片的叙事哲学［J］.文化艺术研究，2013，6（4）：86-93.

［30］王凯.课程故事刍议［J］.课程·教材·教法，2004（4）：8-13.

［31］李云淑.幼儿园教育活动设计与实施［M］.杭州：浙江大学出版社，2014.

［32］舒婷婷，王春燕.幼儿园课程故事审思：内涵、问题与对策［J］.早期教育（教育科研），2020，958（4）：47-51.

［33］黄小莲.幼儿园课程发展的故事讲述：课程故事、学习故事、游戏故事［J］.中国教育学刊，2022，352（8）：76-80.

［34］朱家雄.幼儿园课程［M］.上海：华东师范大学出版社，2023.

［35］卢素芳，曹霞，唐翠萍.利用课程故事提升幼儿园教师的专业自觉［J］.学前教育研究，2017，276（12）：64-66.

［36］张莉.从编辑的视角谈幼儿园课程故事撰写［J］.传媒论坛，2020，3（20）：90，92.

［37］周勇.教育叙事研究的理论追求：华东师范大学丁钢教授访谈［J］.教育发展研究，2004（9）：56-60.

［38］钱震华，王丽琴.让教师不再害怕写作：八种常见教育文体撰写"地图"［M］.上海：上海三联书店，2019.

［39］阚智.中小学教师教研工作读本［M］.合肥：安徽教育出版社，2015.

［40］王洪义.6个台阶艺术类论文写作攻略［M］.哈尔滨：哈尔滨工业大学出版社，2014.

［41］东乡熊二，刘笑明，刘晶，等.文科研究指南：帮你迅速掌握做课题、写论文的秘笈！［M］.天津：南开大学出版社，2013.

［42］关世英.幼教应用文写作［M］.太原：山西教育出版社，1998.

［43］熊怡程，喻昊雪，刘玉平，等.看电视对幼儿执行功能的即时与长时影响：基于一项追踪研究的发现［J］.学前教育研究，2022，332（8）：53-63.

［44］李成森.建筑应用写作实务［M］.北京：北京理工大学出版社，2017.

［45］贾艳秋.幼儿安全意识和自我保护能力的培养［J］.学前教育研究，2022，335（11）：83-86.

［46］李蓓.优化主题实施　引发主动学习：以大班主题活动"我自己"为例［J］.幼儿教育，2022，893.894（Z1）：29-32.

［47］徐珊璐，刘小群，姚钰.幼儿园环境创设的困境与突破：基于马斯洛需要层次理论［J］.豫章师范学院学报，2022，37（6）：82-86.